지그문트 바우만을 읽는 시간

불안한 현대인에게 전하는 바우만의 철학적 사유

지그문트 바우만을
읽는 시간

임지현 외 지음
〈기획회의〉 편집위원회 기획

북바이북

'지금, 여기'에서
지그문트 바우만을
다시 읽어야 하는 이유

우리 시대의 사회·문화적 현안들을 예리한 시선으로 응시했던 석학^{碩學} 지그문트 바우만이 2017년 1월 9일 세상을 떠났다. 다양한 학문적 관심사와 사회를 바라보는 애정 깊은 통찰로 "유럽의 대표 지성"으로 불렸던 지그문트 바우만은 생전에 한국과도 각별한 인연을 맺었다. 20권이 넘는 저서가 국내에 소개되었고, 2003년 〈당대비평〉과 2009년 〈인디고잉〉 등 국내 여러 매체와 인터뷰를 진행한 바 있다. 그런가 하면 2015년에는 70m 상공에서 굴뚝 농성을 벌인 쌍용차 해고자 김정욱·이창근 씨를 응원하는 "힘내라! 김정욱 이창근"이라는 메시지를 보내기도 했다.

지그문트 바우만의 사상과 철학의 시공간적 배경은 항상 '지금, 여기'였다고 할 수 있다. 현대 사회는 홀로코스트를 제2차 세계대전이라는 한시적 시간인 '그때', 유대인이라는 '그들'에게만 일어난, 즉 오늘 우리와는 무관한 사건으로 여긴다. 이를테면 역사에서 "돌출적인 극단적 예외 상태"라고 믿고 싶은 것이다. 이런 이유로, 어쩌면 의도적으로 잊어버리고 있는지도 모른다. 지그문트 바우만은 『현대성과 홀로코스트』(새물결, 2013)에서 다음과 같이 말했다. "홀로코스트는 우리의 합리적인 현대 사회에서, 우리 문명이 고도로 발전한 단계에서, 그리고 인류의 문화적 성취가 최고조에 달했을 때 태동해 실행되었으며, 바로 이 때문에 홀로코스트는 그러한 사회와 문명과 문화의 문제이다."

제2차 세계대전 이후 세계는 급속도로 변화·발전했다. 어제 다르고 오늘 다른 세계가 아니라 이제는 1분 1초 사이에 세상이 뒤집힌다. "사회와 문명과 문화의 문제"라는 바우만의 지적은, 결국 급변하는 사회·문명·문화 속에서 우리 시대도 홀로코스트가 재발할 수 있다는 일갈이다. 이런 이유로 바우만은 "아우슈비츠가 우리 사유의 원점이 되어야 한다"고 강조했던 것이다.

지그문트 바우만은 불평등 문제도 오랫동안 천착했다. 그는 『왜 우리는 불평등을 감수하는가?』(동녘, 2013)에서 다음과 같이 지적한 바 있다. "생존과 만족스러운 삶에 필요한 물건들이 갈수록 희소해지고 손에 넣기 어려워지면서 생활이 넉넉한 사람들과 버림받은 빈자들 간의 살벌한 경쟁의 대상, 아니 전쟁의 대상이 되고 있기 때문에 현재 심화되고 있는 불평등의 일차적 피해자는 민주주의가 될 것이다."

2016년 늦가을부터 2017년 5월 대선정국까지, 한국 사회는 지그
문트 바우만이 예견한 길을 그대로 따라갔다. 아무리 늦게 잡아도
1997년 IMF 외환위기 직후부터 공고해진 한국 사회의 신자유주의
는 샐러리맨들의 평생직장만을 앗아가는 데 그치지 않았다. 각자도
생各自圖生하는 사회의 포문을 열었고, 이내 한국인들은 제 살길 찾기
에만 급급할 수밖에 없었다. 누구 하나 좁게는 정치, 넓게는 민주주
의에 관심을 쏟지 않았다. 아니 정치에 관심을 쏟을 만한 작은 여유
조차 없이 살았다고 하는 게 옳다.

그 사이 정치는 협잡挾雜의 다른 말이 되었다. 끝내 제 주머니만 채
우고, 자기 사람들만 돕기에 바빴던 대통령을 보게 되었다. 불평등
이 단지 경제의 문제가 아니라 정치와 우리 사회 전반의 후퇴, 즉 민
주주의의 퇴보를 가져왔던 것이다. "전 세계가 필사적으로 경제성
장 근본주의를 밀고 나가고 있는데도, 빈곤은 좀처럼 사라지지 않고
지속된다"는 지그문트 바우만의 지적은 한국인은 물론 전 세계인에
게 화두이자 당면한 문제일 수밖에 없다.

『지그문트 바우만을 읽는 시간』은 '지금 여기', 오늘 우리 시대를
통찰했던 지그문트 바우만의 삶과 학문적 자취를 다시금 조명하고
자 기획된 책이다. 폴란드 출신으로 영국에서 오랫동안 활동했던 한
사회학자의 학문적 천착이 한국 사회에 어떤 자취를 남겼을까에 대
한 의문이 들 수도 있다. 하지만 앞서 지적한 것처럼 저작 대부분이
국내에 소개되었고 적잖은 사회적 파동을 주었다는 점에서 지그문
트 바우만에 대한 다각도의 조명은, 곧 우리 사회의 좌표를 더듬는

일에 다름 아니다.

사실 지그문트 바우만이 국내 독자들에게 사랑받은 가장 큰 이유는 현대인들의 일상과 사회 변화를 '콕' 집어서 설명했기 때문이다. 빠르게 변화하는 현대 사회에서 확실한 것, 불변하는 것은 그 무엇도 없다. 어제 새로웠던 것들은 이미 낡고 진부하다. 그 진부함으로 경쟁했다가는 낙오할 게 불을 보듯 뻔하다. 지그문트 바우만은 세상의 대열에서 낙오하지 않기 위해 사람들이 온갖 접속을 시도한다고 주장했다. 한풀 꺾였지만 트위터와 페이스북 열풍은 어딘가 소속된 듯한 느낌을 주기에 충분하다. 온종일 스마트폰을 손에서 떼지 않는 사람들, 마치 '카톡' 소리가 울리기를 기다렸다는 듯 답장을 하는 사람들을 보면 쉽사리 이해할 수 있는 대목이다.

지그문트 바우만은 『고독을 잃어버린 시간』(동녘, 2012)에서 현대인들이 "가상적인 관계들이 현실적인 관계의 가장 실질적인 부분을 능가하는" 세계에 의존해 살고 있다고 진단한 바 있다. 그러나 가상적인 관계들은 삶을 윤택하게 하지 못한다. 성마른 인간을 더 만들어낼 뿐, 더 깊은 유대를 만들어내기에 기술과 문명은 명백한 한계를 가지고 있기 때문이다. 은밀한 사적 영역까지 스스로 까발리며 접속에서 벗어나지 않으려고 발버둥 치는 세태를 향해 "사적인 영역이 현존하는 권력에 의해서 과도한 간섭을 받지 않도록 방어하는 일", 곧 프라이버시를 지키는 일이야말로 "인간들 상호 간의 유대"와 공동생활을 위한 강력한 도구임을 그는 역설했다.

『지그문트 바우만을 읽는 시간』은 지그문트 바우만의 다양한 저서를 통해 삶의 행적을 살펴본 작은 평전으로 시작한다. 그리고 지그문트 바우만의 저서 각 권에 대한 꼼꼼한 서평이 이어진다. 국내에 출간된 지그문트 바우만의 저서는 모두 26권으로, 이 책에는 그중에서 19권에 대한 서평을 실었다. 절판 혹은 품절된 책도 있었으며, 적절한 필자를 찾지 못한 탓이다. 서평의 필자로는 시인, 기자, 출판평론가, 역사학자, 사회학자, 소설가 등 다양한 영역에서 활동하는 이들이 함께했다. 너른 필자의 폭은 결국 지그문트 바우만의 사유와 철학이 그만큼 다채롭고 웅숭깊다는 반증일 것이다.

아울러 한동안 폴란드에서 학문 활동을 했고, 지그문트 바우만과도 오랫동안 교분을 나눈 임지현 서강대 사학과 교수, 사회학자이자 작가로 프랑스에서 활동하며 지그문트 바우만의 학문적 자취를 공부한 정수복 선생, 그리고 지그문트 바우만의 저작 중『쓰레기가 되는 삶들』(새물결, 2008),『부수적 피해』(민음사, 2013), 주저^{主著}라 할 수 있는『현대성과 홀로코스트』를 번역한 정일준 고려대 사회학과 교수의 좌담을 마련했다. 한 시대를 풍미한 사회학자의 발자취를 뒤쫓은 후학들의 좌담은 가히『지그문트 바우만을 읽는 시간』의 백미 가운데 하나라 할 수 있다.

책 말미에는 그의 사상과 철학을 예술적 관점에서 분석해 한국 사회에 대비한 글과 김민웅 경희대 미래문명원 교수와 지그문트 바우만이 나눈 가상 대담을 실었다. '지그문트 바우만이 바라본 한국 사회'를 주제로 펼쳐지는 두 사람의 대담은 비록 가상이지만 지그문트 바우만의 사상과 철학에 철저히 기반을 두고 있으며, 그만큼 한국 사회를 예리하게 응시할 수 있도록 돕는다.

『지그문트 바우만을 읽는 시간』을 펴내는 이유는 지그문트 바우만뿐 아니라 우리 시대를 밝힌 모든 인문 지성이 한때의 '유행'으로 끝나지 않기를 바라는 마음 때문이다. 그의 사상과 철학이 동시대인은 물론 모든 세대에게 오롯이 전해졌으면 한다. 그런 점에서 바우만의 저서를 제대로 읽어내고, 그것을 삶으로 살아내고자 하는 독자들에게 이 책은 '지금, 여기'를 살아가는 데 유익한 지침서라 할 수 있다. 단지 지그문트 바우만의 사상과 철학을 재음미하는 데 그치지 않고, 우리 사회의 새로운 활력소가 될 활발한 공론의 장도 넓고 크게 열리기를 기대한다. 독자 여러분의 질정을 함께 부탁드린다.

〈기획회의〉 편집위원회

차례

책으로 읽어낸
지그문트 바우만
소^小평전

책으로 읽어낸
지그문트 바우만
소^小평전

⊙ 장동석 출판평론가

'문화'란 (존재한다고 믿어졌던) 흡혈귀들이 한낮의 태양빛에 노출
되면 목숨을 부지할 수 없다는 등의 믿음과 같은 미신과 편견의 어두
운 구석을 밝게 비추고, 도시와 시골 거주지의 '처마 밑'까지 미치는
'계몽의 빛'과도 같은 존재였다.(『유행의 시대』, 오월의봄, 2013)

현대 사회의 "미신과 편견의 어두운 구석"을 집요하게 응시하며
"계몽의 빛"과도 같은 다양한 해석과 대안을 제시했던 사회학자 지
그문트 바우만이 지난 2017년 1월 9일 영국 리즈 자택에서 세상을
떠났다. 홀로코스트의 과거뿐 아니라 현재적 의미를 진지하게 성찰
했고, 현대 사회의 유동성에 대해 다양한 해석과 대안을 내놓았던
생전의 지그문트 바우만을 일러 영국의 진보 성향 일간지 〈가디언〉

은 "유럽에서 가장 영향력 있는 사회학자이자 동료 학자 사이에서 즉각적인 경외감을 불러일으키는 인물"이라고 평했다.

1999년부터 지그문트 바우만과 학문적 교분을 나눈 임지현 서강대 사학과 교수는 바우만 서거 직후 한 매체에 기고한 추모의 글에서 "사회학자, 철학자, 문명비평가로서 그가 우리에게 던진 말과 글은 깊은 울림과 미세한 떨림의 독특한 경지를 보여주었다"고 평했다. 이어지는 대목은 이렇다.

의도적이라 느껴지는 강한 슬라브 악센트의 말이나 문법을 뛰어넘어 시적詩的 경지에 도달한 그의 글은 형식부터 신선한 충격이었다. 먼저 작고한 첫 아내 야니나는 그의 영어가 약해서 그렇다고 조크를 던졌지만, 모국어인 폴란드어 문체도 그렇다 보니 사회학적 상상력을 시적인 차원으로 미학화하는 것도 나름 의도한 바였을 것이다.(《조선일보》,「'세습적 희생자의식' 비판한 유럽 대표적 지성」, 2017. 1. 11)

기억 그리고 홀로코스트

"사회적 상상력을 시적인 차원으로 미학화"한 지그문트 바우만은 1925년 11월 19일, 폴란드에서도 민족주의 성향과 반反시오니즘 성향이 강한 서부 포즈난Poznan에서 태어났다. 한 인터뷰에 따르면 집안은 가난했고, 비유대인 친구들의 따돌림은 극심했다. 결국 제2차 세계대전 중이던 1939년, 나치의 폴란드 침공을 피해 소련으로 가족과 함께 탈출했다. 이때 탈출하지 못했다면 바우만 역시 홀로코스트 희생자 중 하나가 되었을 것이다. 소련에서 바우만은 스탈린이 조직한 군대로 폴란드에서 소련으로 탈출한 사람들이 가담했던 인민군 '아르미아 루도바$^{Armia Ludowa}$'의 일원이 되었다. 이 군대와 함께 폴란드 바르샤바로 돌아온 바우만은 1945년부터 1953년까지 보안부대 정치장교로 일했다. "아버지가 바르샤바의 이스라엘 대사관에 접촉해 이스라엘로의 이민을 타진한 이후 갑작스럽게 불명예 제대"(『오늘의 사회이론가들』, 정일준, 한울, 2015)를 했지만 그간 바르샤바 사회과학대학$^{Warsaw Academy of Social Science}$에서 사회학을 공부한 덕에 석사과정을 마치고 1954년 바르샤바대학의 강사로 일할 수 있었다. 그의 강사 생활은 1968년까지 이어졌다.

어린 시절 경험한 홀로코스트는 훗날 지그문트 바우만의 학문적 궤적에 적잖은 영향을 주었다. 그의 주저라 할 수 있는 『현대성과 홀로코스트』는 1989년 처음 출간되었는데, 바우만의 평생 기억이 집약된 결과물이라 할 수 있다. 그는 『현대성과 홀로코스트』 서문에 "나는 내 연배와 나보다 어린 연배의 수많은 사람이 품고 있는 홀로코스트 이미지를 공유했다"고 기록했다. 바우만에 따르면 홀로코스트의 이미지는 "광기에 찬 살인자들과 무력한 희생자들"로 철저하게 나뉘었다. 살인자들이 광기에 찬 이유는 "미쳤기 때문이며, 사악했기 때문이며, 사악하고 미친 생각에 사로잡혀 있었기 때문"이라는 격한 어조로 비판한다. "강력하고 중무장한 적의 상대가 되지 않았"던 희생자들은 끝내 학살당할 수밖에 없었다.

당연히 홀로코스트는, 지그문트 바우만이 지적한 것처럼 "홀로코스트는 (현대성에 내재된 하나의 가능성으로 인식되기보다는) 현대성의 진실—'거대한 거짓말'로부터 이익을 얻는 자들이 내세운 이데올로기적 관용구에 의해 단지 피상적으로만 은폐된 진실—이라는 지위로 격상"되어야만 했다. 하지만 세간의 인식은 이제 홀로코스트를 제2차 세계대전 당시 유대인들에게만 일어난 작은 사건으로 치부한다. 당연히 사회학은 물론 모든 학문의 관심 밖으로 밀려나게 되었다. "집단학살의 하수인들"이 보여준 도덕적 무관심은 철저하게 "합리성의 원칙들에 내재"해 있었다. 이러한 무관심은 나치에서 오늘 우리 사회로 확산되는 결과를 낳은 것이다. 지그문트 바우만이 홀로코스트를 주목하는 이유가 바로 이 때문이다. 다음은 『현대성과 홀로코스트』의 서문 중 한 대목이다.

> 홀로코스트는 우리의 합리적인 현대 사회에서, 우리 문명이 고도로 발전한 단계에서, 그리고 인류의 문화적 성취가 최고조에 달했을 때 태동해 실행되었으며, 바로 이 때문에 홀로코스트는 그러한 사회와 문명과 문화의 문제이다.

합리적인 현대 사회와 문명과 문화의 문제라면, 홀로코스트는 오늘 우리가 살고 있는 지금 여기서도 얼마든지 일어날 수 있다는 게 지그문트 바우만의 판단이다. 『현대성과 홀로코스트』를 번역한 정일준 고려대 사회학과 교수는 '옮긴이 후기'에서 다음과 같이 말했다.

홀로코스트를 상상할 수 있게 만든 것은 현대 문명의 합리적 세계였다. 유럽의 유대인에 대한 나치의 집단학살은 산업사회의 기술적 성취였을 뿐만 아니라 관료제 사회의 조직적 업적이기도 했다. 현대 사회 구성원의 의식에서 일어나고 있는 역사적 기억의 자기치유는 바로 이러한 이유에서 인종학살의 희생자에 대한 무관심보다 더 나쁘다. 바우만에 의하면 홀로코스트를 망각하는 것은 위험할 뿐만 아니라 잠재적으로 자멸적인 맹목성의 징후이다.

바우만은 "합리성과 윤리가 반대의 방향을 가리키는 체제에서는 인간이 주된 패배자"일 수밖에 없다고 주장했다. 이 같은 사례의 대표적인 현장, 즉 홀로코스트의 현장 아우슈비츠를 우리 사유의 원점으로 꼽은 이유는 이 때문이다. 리투아니아 출신 철학자이자 정치이론가 레오니다스 돈스키스와의 대담집 『도덕적 불감증』(책읽는수요일, 2015)에서는 사유의 폭을 넓혀 다음과 같이 말한다.

악은 전쟁이나 전체주의적 이데올로기에 한정되지 않는다. 오늘날 악은 누군가의 고통에 제대로 반응하지 못할 때, 타인에 대한 이해를 거부할 때, 말 없는 윤리적 시선을 외면하는 눈길과 무감각 속에서 더 자주 모습을 드러낸다.

경계인, 지그문트 바우만

지그문트 바우만은 평생 경계인으로 살았다. 어린 시절 홀로코스트를 피해 소련으로 이주했고, 폴란드로 귀환해 학문 활동을 왕성하게 벌였지만 끝내 추방되었다. 1954년 이후, 1967년 말까지 지그문트 바우만은 바르샤바대학에서 사회학 강사로 활동했다. 1962년부터는 스승인 율리안 호흐펠트가 프랑스 유네스코 사회과학부서 부소장으로 자리를 옮겨가자, 사실상 바르샤바대학 사회학과 교수로 활동했다(『오늘의 사회이론가들』). 하지만 바우만의 짧은 교수 생활은 1968년 폴란드 공산당이 주도한 반시오니즘 운동의 여파로 끝났다.

그해 1월에는 폴란드 통합노동당 당원 자격을 포기했고, 3월에는 많은 지식인과 함께 조국에서 추방되기에 이른다. "민족주의와 반유대주의"가 당시 폴란드 공산당의 실질적인 통치 이념이었기 때문이다. 이즈음 사회주의는 혼전에 혼전을 거듭하고 있었다. 임지현 교수는 당시 상황을 다음과 같이 설명한다.

카프 출신 마르크스주의 소설가 조명희의 비극적 죽음이 상징하듯, 프롤레타리아 국제주의를 믿고 사회주의 모국 소련으로 망명한 마르크스주의 활동가들은 스탈린에 의해 숙청당해 죽거나 중앙아시아의 오지에서 스러져 갔다. 망명을 거부하고 식민주의 혹은 독재정권이 발호하는 본국에 남은 활동가들은 감옥에 갇혔지만, 살아남았다. 반면에 제국주의 심장부 파리나 런던으로 간 활동가들은 자유롭게 공부하고 박사학위까지 딸 수 있었다. 프롤레타리아 국제주의에 배반당하고 '하위주체 세계주의' 덕분에 살아난 이 마르크스주의자 노역사가(얀 칸체비츠, 폴란드 마르크스주의 역사가)는 1960년대 중반 유대계 개혁 공산주의자들과 폴란드계 민족 공산주의자들의 분파 투쟁에 대해서 친절하게 설명해주었고, 1968년 공산당이 주도한 반유대주의 캠페인에 대해서 담담하게 말했다. 지그문트 바우만 같은 베테랑 마르크스주의자들이 폴란드를 떠나 자본주의 국가로 이주한 것도 그때의 일이다.(『역사를 어떻게 할 것인가』, 임지현, 소나무, 2016)

지그문트 바우만은 홀로코스트를 피해 소련으로 도망갔고, 스탈린 군대의 일원이 되어 폴란드 바르샤바로 귀환할 수 있었다. 하지만 다시, 스탈린주의자들의 '반시오니즘' 물결에 휩쓸리면서 고국 폴란드를 떠날 수밖에 없었다. 물론 폴란드를 떠난 "베테랑 마르크스주의자들"이 오로지 타의에 의해서 떠난 것은 아니다. 독일에서 활동하고 있는 철학자 송두율의 지적에 따르면 "새 사회 건설에 대한 희망과 구상이 전승국 소련의 절대적 영향 밑에서 좌절을 경험하기 시작했기 때문"이기도 하다. 송두율은 당시 동유럽 지성이 선택할 수 있는 "네 가지 길"을 다음과 같이 설명한다.

하나는 체제에 적극 순응하는 길이었고, 둘째로는 서방으로 망명하는 길이며, 셋째로는 '내적인 망명'으로서 불만 속에서 나날을 보내는 길이었고, 끝으로 고통을 감수하면서도 사회주의 이상의 실현을 위해서 내부에서 투쟁하는 길이었다.(『역사는 끝났는가』, 송두율, 당대, 1995)

어떤 길이 옳은 길이라고 판단할 수 없지만, 어쨌든 지그문트 바우만은 추방 형식의 서방 망명을 선택했다. 임지현 교수는 앞서 언급한 추모의 글에서 지그문트 바우만의 망명에 대해 이렇게 표현했다.

> 바우만의 걸어온 삶의 궤적을 좇다 보면, 그만의 독특한 사유는 폴란
> 드 출신의 유대계 지식인으로 살아온 개인사와 근대의 충격을 아무
> 런 완충장치 없이 온몸으로 받아야만 했던 폴란드 현대사가 조우해
> 서 빚어낸 역사적 비극의 산물임을 알 수 있다. 비극적 역사가 창조
> 적 지성과 지적 생산성의 모태였던 것이다.

폴란드에서 추방당한 바우만이 처음 찾은 곳은 이스라엘이다. 하지만 이스라엘도 유대인 지그문트 바우만의 온전한 거처가 되지는 못했다. 바우만이 이스라엘에서 발견한 것은 '시오니즘'이라는 또 다른 배타성이었다. 팔레스타인에 국제법으로 보장되는 유대인의 조국을 건설하자는 시오니즘은 그즈음 서방 세계의 지원을 전폭적으로 받으면서 과격 양상으로 전개되고 있었다. 대대로 아랍인들의 거처였던 팔레스타인을 강제로 빼앗으면서 일삼은 과도한 폭력은 아비규환이라고 표현할 수밖에 없는 수준이었다. 이스라엘 텔아비브대학에 잠시 몸을 의탁했던 바우만은 1971년 영국 리즈대학 사회학과 교수로 임용되면서 영국 생활을 시작하게 된다.

한 경계인의 사유

경계인으로의 삶은 지그문트 바우만의 학문 활동에 큰 영향을 주었

다. 영국의 사회학자로 러프버러대학에서 사회학을 가르치는 데니스 스미스 교수는 지그문트 바우만을 "오늘날 인간의 조건에 대한 가장 흥미롭고 영향력 있는 논평자 중의 한 사람"이라고 평한 바 있다. 데니스 스미스가 말한 "인간의 조건"은 사실상 시시각각 변화하는 현대 사회의 단면이다. 바우만 식으로 표현하자면 현대 사회가 유동성 문제에 직면했다고 할 수 있다. 현대 사회의 유동성 문제는 표현이 온순해서 그렇지, 모든 인간이 지금까지 전혀 경험하지 못했던, 전혀 다른 차원의 재난적인 상황이라고 할 수 있다.

'액체근대' 혹은 '유동하는 근대'라는 표현으로 쓰이는 지그문트 바우만의 이 사유는 현대 사회가 겪고 있는 다양한 변화의 총체적 합이라고 볼 수 있다. 어떤 이들은 "세계의 모든 것이 끊임없이 액체와 같이 유동하면서 변화의 흐름 속에 놓여 있다"고 해석하지만 "액체처럼 유동"한다는 표현을 유하게 받아들여서는 곤란하다. 그 것은 지엽적인 홍수 혹은 몇 해 전 동일본에 몰아친 쓰나미와도 비교가 되지 않을 정도로 강력하다. 전후가 완전히 다른 상황이 전개될 뿐 아니라 그것이 전후인지 인과관계조차 따질 수 없다. 시시각각 변하는 세상 속에서 우리는 변화하는지도 모른 채 액체근대의 삶을 온몸으로 받아들이고 있는 것이다. 바우만의 혜안은 이 대목에서 빛난다. '액체적'이고 '불안정성'이 지배하는 세계에서 모든 인간의 든든한 울타리 역할을 해주었던 공적 영역은 사라지고 '사적 영역'만 남게 되기 때문이다. 다음은 『액체근대』(강, 2009) 중 한 대목이다.

비판이론의 과제는 전도되었다. 과거의 비판이론의 과제는 전지전능하고 비인격적인 국가와 그러한 국가의 수많은 관료주의적 촉수들, 또는 그보다 규모가 작은 복제물들의 압제적인 규칙 아래에서 괴로워하는 사적인 자율성을 '공공영역'의 전진 부대로부터 수호하는 것이었다. 그러나 오늘날 비판이론의 임무는 사라져가는 공공영역을 수호하는 것, 아니 그보다는 빠르게 비어가는 (중략) 공적 공간을 정비하여 사람을 채워 넣는 일이다.

많은 사상가와 심지어 경제학자들이 지적하듯 현대 세계 모든 문제 해결은 이제 개인의 몫이 되었다. 『액체근대』에서 바우만이 지적한 것처럼 "모든 과제와 책임이 사회에서 개인의 어깨 위로 떨어진 '액체근대' 사회를 살아가고 있"는 것이다. 문제는 개인의 이름, 즉 정체성이 사라진다는 점이다. 현대 사회에서 "내가 누군가이기 위해서는 그 누군가가 되어야 할 필요가 있다"는 명제는 실현 불가능하다. 시민의식 따위는 안중에도 없는, 단지 소비 사회의 한 주체로만 존재할 뿐이다.

『모두스 비벤디』(후마니타스, 2010)에서도 이 같은 지적은 이어진다. 바우만은 현대 사회의 모든 개인은 사냥꾼이 될 수밖에 없다고 주장한다. 각자도생하는 세계에서 모든 인간은 사냥꾼이다. 바우만의 지적에 따르면 사냥꾼은 "사물의 균형 따위 신경 쓰지 않으며 단지 사냥감을 죽여 자루를 채우는 데만 관심을 가지는 존재"다. 아울러 "숲에 사냥감이 고갈될 것이라는 먼 미래의 전망이나 자신의 사냥이 미래를 그렇게 만들고 있다는 죄책감 같은 것은 없다. 이들에게는 유토피아를 생각할 여지가 없는 것"이다. 내가 남을, 남이 나를 그렇게 생각하는 세상에서 모든 인간은 '일회용 물품'보다 못한 존재들인 셈이다.

하지만 이러한 변화들이 갖는 양면성 혹은 상대성도 주목해야 한다고 지그문트 바우만은 지적했다. 이전 것이, 그것을 미덕이라 부를 수 있는지에 대해서는 설왕설래 말이 많을 수밖에 없지만, 모두 사라진 세계라고 단언할 수 없다는 것이다. 2013년 초 〈경향신문〉에 실린 이택광 경희대 교수와의 이메일 인터뷰에서 지그문트 바우만은 다음과 같이 말했다.

> 역사, 자본주의, 정치, 가족, 문명, 이런저런 '종언'에 대해 말하는 것은 오늘날 가장 쉽게 눈에 띄는 유행이다. 그러나 개인적으로 나는 주의를 당부하고 싶다. 무엇인가 진짜로 종언을 고한다면, 긴 시간이 지난 뒤에야 그것이 끝났다는 사실을 알게 될 것이다. 심지어 그렇게 되더라도 우리는 그 판단이 제대로 들어맞은 것인지, 그리고 수정될 필요가 있는 것인지 확신할 수가 없다. 미래가 무엇을 가져올 것인지 알고자 한다면, 사회학자가 아니라 현재의 경향을 열심히 분석하는 점쟁이에게 물어보라. 이미 세상을 떠난 체코의 바츨라프 하벨 대통령은 실제로 일어나기도 전에 역사를 기획할 수 있다는 예언과 환상을 경계하라고 조언했다. 미래에 영향을 미치고 싶다면, 어떤 노래를 국민이 부르고 싶어 하는지 알 필요가 있다고 그는 말했다. 그러

나 바로 그 말에 덧붙이기를, 내년에 국민이 무슨 노래를 부르고 싶어 할지 아무도 알 수 없다고 했다. 나 역시 (그런 예견을 할 수 있다고) 믿지 않는다.”(《경향신문》, 「'신년 기획 - 2013년을 말한다'(1) 지그문트 바우만 교수」, 2012.12.31)

세계인으로서의 사유와 철학

어쩌면 경계인으로서 지그문트 바우만의 철학과 사유는 세계인이기 때문에 가능했을지도 모를 일이다. 세계인이라는 표현 자체가 모호하지만, 어쨌든 바우만은 한 나라와 민족에 얽매여 철학 혹은 사유하지 않았다. 또한 세계적 지성이자 지식인이면서도 그것을 탈피하기 위해 무던히 애썼다. 『역사를 어떻게 할 것인가』에서 임지현 교수는 지그문트 바우만의 학문하는 자세를 에둘러 다음과 같이 평했다.

마르크스의 날카로운 비판처럼 종교가 '인민의 아편'이라면, 이데올로기야말로 '지식인의 아편'인 것이다. 자신이 세계를 해석하는 '해석자'가 아니라 세상을 개혁하는 '입법자'라고 생각하는 지식인의 과대망상을 쿨하게 깨뜨린 지그문트 바우만의 논조도 여기에 닿아 있다. 흥미로운 것은 지식인에 대한 아롱이나 바우만의 성찰이 모두 사명감과 과학적 진리에 도취했던 자신들의 과거에 대한 절절한 비판의식의 결과였다는 점이다.

실제로 지그문트 바우만의 사유는 지엽적인 문제에 갇힌 적이 없다. 『고독을 잃어버린 시간』에서 도시 문제를 지적하며 정치를 도시 문제의 주범으로 꼽았다. 정치 권력의 향배가 결국 경제 문제를 배태하고, 경제 문제는 도시로의 이주, 그에 따른 삶의 기반을 위한 투쟁과 문화 투쟁으로 귀결될 수밖에 없다는 점에서다. 도시를 비롯한 거의 모든 세계사적 문제의 해답으로 '톨레랑스tolerance'가 종종 언급되지만, 모두가 사냥꾼이 된 세상에서 '톨레랑스'는 설 자리가 없다. 가던 길을 멈춰 서서 우리 삶을 단순하게 하는 일 외에는, 물론 이것마저도 하나의 가능성일 뿐, 진정한 해답은 아니다.

해답이 없는 시대를 향해 바우만은 "우리 마음 안에 도사린 믹소포비아Mixophobia, 즉 뒤섞임에 대한 공포증을 극복해야 한다"고 조언한다. 낯선 사람이라면 무조건 경계하는 인종의 차별이 사라진 뒤에 남은 경제적 차별을 일삼는 우리를 되돌아보자는 것이다. 불안에 대한 공포가 낳은 '경계 긋기'를 하루빨리 제거해야만 유동하는 근대 세계를 함께 극복할 수 있기 때문이다.

뒤섞임에 대한 공포를 극복하기 위해서 개인의 모든 것이 드러날 이유와 필요는 없다. 오히려 바우만은 "프라이버시와 개인 자율성"은 더욱 강조되어야 한다고 『부수적 피해』에서 강조했다. 바우만이 정의하는 프라이버시란 "자신의 소유가 되는 영역, 개인의 완전한 주권을 행사하는 영토, '나는 누구이며 어떤 사람인가'를 결정할 포괄적이고 분할 불가능한 힘을 보유한 영토, 개인의 결정을 승인받고 존중받기 위한 투쟁을 지속해서 전개할 수 있는 영토"다. 문제는 현대 사회의 일원인 우리 모두가 프라이버시를 스스로 버리고 있다는 사실이다. 다음은『부수적 피해』중 한 대목이다.

> 우리 조상의 습성과는 정반대로 우리는 이러한 권리, 즉 개인적 자율성을 구성하는 대체 불가능한 요소들을 지키려는 배짱과 끈기와 무엇보다도 의지를 상실했다. 지금 시대에 우리를 두렵게 하는 것은 프라이버시를 저버리거나 위반하는 것이 아니라 반대로 출구를 봉쇄하는 것이다. 프라이버시의 영역은 감금의 장소로 전환되고, 사적 공간의 소유자는 자업자득의 희생자가 되며, 우리의 비밀을 짜내어 프라이버시의 성벽 밖으로 끄집어내고 공개적으로 전시하여 만인의 공유재산으로 만드는 데 열심인 청취자가 부재한 상황을 연출한다.

페이스북은 "무슨 생각을 하고 계신가요?"라고 묻고, 이에 답한 현대인들은 삶의 모든 것을 스스로 '오픈'함으로써 프라이버시를 지키지 못한다. 앞서 언급한 〈경향신문〉 인터뷰 중 한 대목이다.

> 다시 한번 말하지만 (그렇게 말하는 것은) 너무 이른 판단이다. 디지털 미디어가 만들어내는 온라인상의 동원력은 전례 없던 일이다. 그러나 또한 과거에 볼 수 없던 부박함도 드러낸다. 인터넷 데이트를 생각해보라. 하룻밤 섹스를 할 수는 있지만, 이 관계가 오래 지속되거나 행복한 관계로 이어지기 어렵다. 사람들을 거기로 이끄는 데는 '사회적' 웹사이트들이 유용하다. 그러나 계획했던 일이 끝날 때까지

그들을 붙잡아두는 것은 쉽지 않다. 더구나 치열하게 블로그에 글을 남기고 열심히 트윗을 보냄으로써, 많은 이들은 자신들의 정치적 의무를 다하고 훌륭하게 정치적인 삶에 참여한다고 생각한다. 소셜네트워크는 정치 제도를 대체하고 있다. 그러나 도대체 무엇으로 대체하고 있는가? 정치에 대한 환상? 오프라인의 현실성으로 전이될 수 없는 온라인의 인공성? 소셜네트워크의 효과를 묻는 질문들에 답하기에는 아직 우리가 아는 것이 없다.

세간의 평이 학문 성취의 모든 것을 의미하지 않지만, 지그문트 바우만의 학문적 성취는 비교적 늦었다. 그의 이름이 세상에 널리 알려진 것은 1989년 출간된 『현대성과 홀로코스트』 이후다. 추측건대 겸손함으로 점철된 바우만의 학문하는 자세 때문일 것이다. 지그문트 바우만은 2003년 〈당대비평〉을 통해 임지현 교수와 나눈 대담에서 "부끄러움이 없는 도덕성은 자신을 정당화하고 자기 성찰·자기 비판의 기회를 박탈한다는 점에서 더할 나위 없이 위험하다"고 일갈했다. 〈당대비평〉 인터뷰 말미 중 한 대목을 살펴보자.

나는 여기서 살아남은 자를 비난하자는 것이 아닙니다. 문제는 살아남았는가의 여부가 아니라 살아남은 것에 대해서 부끄러움을 느끼는가 아니면 자랑스럽게 생각하는가의 문제입니다. 부끄러움이 갖는 해방적 역할에 대해서 이야기하고 싶은 것입니다. 그것은 도덕성에 대해서도 마찬가지입니다. 부끄러움이 없는 도덕성만큼 위험한 것도 없습니다. 그것은 마치 자기 사회가 정의롭지 못하다고 느끼는 사람이 많을수록 그 사회가 정의로운 사회인 것과 마찬가지입니다. 부끄러움이 없는 도덕성은 자신을 정당화하고 자기성찰과 자기비판의 기회를 박탈합니다. 자, 나는 이렇게 도덕성을 확보했고 이렇게 정의로운 이야기를 했으니 내 영혼을 지켰다는 식의 작은 정의가 지배하게 되는 것이지요. 부끄러움이 갖는 해방적 역할을 마지막으로 강조하고 싶은 것도 이 때문입니다.(《당대비평》, 「'악의 평범성'에서 '악의 합리성'으로 : 홀로코스트의 신성화를 경계하며」, 지그문트 바우만·임지현, 2003)

이처럼 자기성찰과 자기비판을 할 줄 알고 부끄러움을 알았던 지그문트 바우만의 사유는, 1990년 영국 리즈대학에서 정년퇴직하면서 대중과의 소통을 강화하며 더더욱 깊어진 듯 보인다. 국내에 소개된 지그문트 바우만의 저서 가운데 여러 권이 대담집인데, 바우만은 대담의 핵심 주제에 집중하면서도 예의 자기성찰적 면모와 반성적 사유를 견지한다. 『친애하는 빅브라더』(오월의봄, 2014), 『위기의 국가』(동녘, 2014) 등을 읽다 보면 세계적 석학의 면모와 함께 친근한 할아버지에게 이야기를 듣는 듯한 묘한 경험도 할 수 있다. 그런가 하면 2010년 9월부터 2013년 3월까지의 일기를 엮은 『이것은 일기가 아니다』(자음과모음, 2013)에서도 자신에게 엄격한 노학자의 풍모를 만날 수 있다.

지그문트 바우만이 걸출한 사회학자인 것은 분명하다. 하지만 종종 지나치게 사회 현상을 단순화하거나 이분법적으로 재단한다는 비판도 없지 않다. 그럼에도 그가 우리 사회에 던지는 메시지는 단순하거나 이분법적이지 않다. 오히려 유동하는 근대라는 개념 자체가 한국 사회의 단면을 고스란히 재현한다고도 볼 수 있다. 그런 점에서 바우만의 책들을 제대로 읽어내고자 하는 독자들의 의지는 한국 사회의 부조리를 밝히는 중요한 작업이라고 할 수 있다.

영국 리즈대학 교수이자 바우만 연구소Bauman Institute의 책임자인 마크 데이비스는 사회학 연구 관련 웹진 〈디스커버리 소사이어티 Discover Society〉에 기고한 글에서 지그문트 바우만을 일러 "사회학의 거인이자 진정한 대중 지식인"이라고 평가했다. 그는 바우만이 민주주의의 위기를 경고했으며, 가난한 사람들에 대한 관심을 환기시켰고, 결국에는 "포퓰리즘의 유혹에 저항할 것을 촉구"했다고 강조했다. 이 같은 삶의 태도야말로 유동하는 근대 세계를 살아가는 "우리의 공동 의무"라는 것이다. 더 깊은 사유와 그것이 기반을 둔 자유의지만이 새로운 세계로 우리를 인도할 것이다. 지그문트 바우만의 사유와 철학이 오래도록 우리 곁에 있어야 할 이유는 바로 여기에 있다.

2.
서평으로 읽는
지그문트 바우만

거대한 수용소에 갇힌 사람들
"응답하라, 희망이여!"

⊙ 심보선(시인)

『고독을 잃어버린 시간』
(조은평·강지은 옮김, 동녘, 2012)

대학 시절에 읽은 카를 마르크스의 『공산당 선언』에서 기억나는 구절은 당연히 "만국의 프롤레타리아여, 단결하라"다. 그런데 "모든 단단한 것들이 허공 속으로 녹아 사라진다"는, 다소 시적이고 음울한 구절이 『공산당 선언』에 있다는 것을 나는 전혀 알아채지 못했다. 지그문트 바우만이 그 구절을 가져와 '유동하는 근대^{liquid} modernity'라는 개념의 근거로 사용할 때까지 말이다. 바우만에 의해 『공산당 선언』은 공산주의라는 유토피아를 선포하는 와중에 은근슬쩍 유동하는 근대라는 디스토피아를 예고하는 불길한 전조로 탈바꿈한다.

바우만에 따르면 이제 세계는 불확실성의 시대로 돌입했다. 소비 사회와 신자유주의 체제가 도래하면서 조직, 경제, 문화, 인간관계

등 여러 사회적 영역에서 그것들을 지탱해주던 '단단한' 규범, 자원, 이해관계, 감정들의 토대는 허물어졌다. 사랑이건, 공동체건, 세계관이건, 소유물이건, 직업이건 간에 유동하는 근대 세계에서 모든 것들은 "추후 통지가 있을 때까지$^{until\ further\ notice}$"만 유효할 뿐이다.

현대 자본주의의 불확실성을 분석하다

유동하는 근대 세계에서 개인은 온갖 구속과 한계로부터 해방되어 무한한 선택의 자유를 얻은 것처럼 보인다. 하지만 바우만은 이런 선택의 자유란 차라리 저주에 가깝다고 말한다. 집단과 전통으로부터 떨어져 나와 삶 전체를 어깨 위에 짊어지고 홀로 나아가는 개인의 발아래서 유동하는 세계는 붙잡을 수 없는 속도로 빠르게 흘러간다. 바우만은 선택의 자유를 다음과 같은 처지에 비유한다. "얇은 빙판 위의 스케이터가 얼음물에 빠져 죽지 않기 위해서는 스케이트를 더 빠른 속도로 지치며 앞으로 나아갈 수밖에 없다." 이때의 스케이팅은 자유 의지의 발현이라고 부를 수 없을 것이다.

이러한 '유사 소통'의 폐쇄 회로에 갇힌 상태에서 불만족으로의 급락을 다시 만족으로 끌어올리는 해결책이 있다면, 그것은 예전보다 더, 더, 더 많은 클릭을 주고받는 일 뿐이다(주식 시장에서 개미들이 보이는 기민함처럼). 그리고 이런 클릭질의 교환이 결코 끝을 맺지 않는다는 점에서 해결책은 언제나 임시적일 뿐 본질적으로 무용하고 심지어 더 해롭기까지 하다. 무엇보다 우리는 이 과정에서 더 중요한 것을 상실한다.

결국 외로움으로부터 멀리 도망쳐나가는 바로 그 길 위에서 당신은 고독을 누릴 수 있는 기회를 놓쳐버린다. 놓친 그 고독은 바로 사람들로 하여금 '생각을 집중하게 해서' 신중하게 하고 반성하게 하며 창조할 수 있게 하고 더 나아가 최종적으로는 인간끼리의 의사소통에 의미와 기반을 마련할 수 있는 숭고한 조건이기도 하다.

바우만은 '유동하는 근대'라는 개념을 다양한 테마를 통해 변주하면서 현대 자본주의가 야기하는 불확실성의 문제를 꾸준히 분석해왔다. 지금까지 나온 그의 책들이 다분히 학술적이었다면『고독을 잃어버린 시간』은 그가 〈여성들을 위한 라 레푸블리카〉라는 주간지에 2008년부터 2009년까지 2년 동안 격주로 써서 보낸 서간체 형식의 에세이를 모아서 엮은 책이다. 원래 책 제목은 "유동하는 근대 세계로부터 온 44통의 편지[44 Letters From the Liquid Modern World]"다. 말 그대로 독자들에게 보내는 44통의 편지로 이루어져 있다.

사실『고독을 잃어버린 시간』은 지금까지 나온 바우만의 책들을 좀 더 많은 독자가 읽을 수 있도록 짧은 에세이 형식으로 간추리고 요약하여 소개한 버전이라고 할 수 있다. 책의 많은 주장들이 기존의 책들에서 이미 개진된 것들이라 내용이 그리 새롭다고는 볼 수 없다. 그럼에도 그의 이번 책은 "사회학적 글쓰기"라는 견지에서 몇 가지 흥미를 끄는 부분이 있다.

바우만은 이 책에서 인터넷, 테크놀로지, 청년세대, 소비문화, 실업, 인종, 도시, 이주 등 현대 사회의 거의 모든 쟁점을 다루고 있다.

그 폭넓은 쟁점들을 해석하는 일관된 문제의식은 유동하는 근대 사회에서 인간이 처한 곤경이다. 공동체로부터 뿌리 뽑혀 네트워크 사회에 내던져진 개인이 직면하는 불확실성, 그것을 극복하고자 하는 임시적 해결책들이 야기하는 부작용을 바우만은 다양한 영역에 걸쳐 집요하게, 일관되게 파고들고 있다.

이때 흥미로운 것은 이야기꾼으로서 바우만의 능력이다. 정말이지 그는 '르네상스 맨'이라 불릴 만하다. 책에는 사회과학을 비롯해 다양한 인접 학문의 연구들뿐만 아니라 문학, 동화, 영화, 신문과 잡지의 기사, 하다못해 시중에 나도는 농담까지 등장한다. 솔직히 말해서 나는 바우만 같은 '문화 잡식/포식가' 사회학자를 보지 못했다. 또한 바우만처럼 자신이 섭취한 비학술적 텍스트들을 사용하여 학술적 주장을 독자들에게 설득력 있게 전달하는 능력을 갖춘 사회학자는 더더욱 보지 못했다.

예를 들어 바우만은 '행복을 홀로 추구할' 수 있을 것이라는 사람들의 기대를 비판할 때나 버락 오바마의 성공 신화를 비판할 때, 『허풍선이 남작의 모험』에 나오는 일화를 원용한다. 그는 유동하는 근대 세계에서 사회 구조가 야기한 문제를 개인이 해결하려는 일체의 노력은 "자신의 가발을 길게 늘어뜨려 잡아당겨서 스스로 습지에서 빠져나오는 바론 뮌하우젠의 허풍스럽고 황당한 솜씨를 되풀이하는" 것이나 다름없다고 본다. 이 일화는 사회적 질병을 개인만의 노력으로 극복하려는 시도가 무용할 뿐만 아니라 더 해악적이라는 그의 주장에 매우 적절한 비유처럼 보인다. 그렇다면 해결책은 집단적일 수밖에 없다는 결론이 도출된다. 하지만 지금까지 그랬던 것처럼 이 책에서도 바우만은 집단적 해결책의 구체적인 조건과 전략을 밝히지 않는다.

바우만은 일관되게 주장해왔다. 정부의 통제를 넘어서는 자본의 전횡으로부터 혜택을 입은 소수의 글로벌 엘리트만이 자유와 안전을 확보하고 나머지 대다수 인류는 실현 불가능한 욕망, 회복 불가능한 궁핍, 치유 불가능한 불안에 치명적으로 노출됐다. 그러나 이를 극복하기 위해 바우만이 제시하는 해결책은 지극히 원론적이다. 그는 위기에 처한 인류의 연대를 강조하며, 또한 자본에 대한 전 지구적인 법적 통제가 필요하다고 강조한다. 그러나 그는 개체화되고 파편화된 삶에 결박된 개인들 사이의 연대가 어떻게 가능하며, 전 지구적인 사법 제도를 어떻게 설립할 수 있는지에 대해서는 말이 없다. 정치적 조직화나 중범위 수준에서의 집합 행동에 대해서도 바우만은 일관되게 입을 다물어왔고 이러한 그의 태도는 이 책에서도 예외가 아니다.

하지만 바우만은 편지라는 형식을 취한 이 책에서 사회학자가 내놓은 일반적 해결책과는 매우 다른 종류의 가능성, 즉 '우리'라는 새로운 정치적 주체가 탄생할 수 있는 실존적 기원에 대해 이야기한다. 이와 관련해서 내가 이 책에서 가장 흥미롭게 읽은 에세이는 마지막 두 편의 편지, '운명과 성격'과 '나는 반항한다, 고로 우리는 존재한다'이다. 이 두 에세이에서 바우만은 사회학자로서의 정체성을 스스로 위험에 처하게 하면서 유동하는 근대 세계로부터 해방될 수 있는 하나의 단초를 독자들에게 시사한다.

바우만이 말하는 캐릭터의 의미

흔히 사회학자가 무비판적으로 해서는 안 되는 말들이 있다. 예를 들어 '국론'이라는 말이 그렇다. 국가 전체에 통일된 의견이 실체적으로 존재한다는 가정에 대해 사회학자라면 반드시 비판적 거리를 두어야 한다. 개인 차원에서도 마찬가지다. 예를 들어 사회학자가 '영혼'이라는 말을 사용할 수는 없다. 왜냐하면 개인 내면의 수수께끼 같은 자질과 속성이 사회 변화를 가져올 수 있다고 주장하는 것은 사회학의 주요 전제, 즉 사회 구조가 허락하는 가능성의 한계 안에서 행위자의 동기나 행태가 결정된다는 전제를 부정하는 것이기 때문이다. 그런데 바우만은 '영혼'이란 말과 거의 다를 바 없는 '성격'이란 용어를 제시한다. 그에 따르면 성격으로 인한 선택은 자유의지를 발휘하는 일반적인 선택과는 사뭇 다르다.

바우만은 '운명과 성격'에서 네차마 텍의 『빛이 어둠을 가를 때 When light pierced the darkness』(1986)라는 책을 소개한다. 텍은 홀로코스트의 와중에 자기희생을 감수하면서 남을 도우려 했던 사람들에게서 통계적으로 유의미한 어떤 공통적 요인도 찾을 수 없었다. 사회적 환경, 계급, 교육 수준, 재산, 종교적 신념, 정치적인 조직체, 모든 변수가 그들의 도덕적 선택과 상관관계가 없었다는 것이다. 그렇다면 이에 대한 설명은 단 하나다. 그들의 성격이 "통계적인 확률"을 거스르면서, 모종의 자연스러운 속성 발현으로 도덕적인 선택을 하게 했다는 것이다. 이때 성격은 "체념하는 듯 수용하는 태도와 상황이라는 그 전능한 힘을 거역하겠다는 대담한 결단 사이에" 자리 잡고 있다고 바우만은 주장한다.

여기에서 하나 짚고 넘어가자. 원문에서 성격은 '캐릭터character'다. 바우만은 캐릭터라는 용어를 "인간은 인생이라는 작품을 만드는 예술가"라고 말하는 맥락에서 꺼내 든다. 이때 캐릭터란 용어는 인생이라는 작품의 창작자이자 등장인물인 인간 행위자 자신을 고유한 개성과 품성을 지닌 인격체로 바라보자는 제안을 내포한다. 성격은 '좋다' '나쁘다'라고 말할 수 있지만 캐릭터에 대해서는 그럴 수 없기에 성격이라는 번역은 오해를 불러일으킬 소지가 있다. 바우만이 말하고자 했던 바는 "성격이 좋은 사람이 도덕적 선택을 한다"는 식의 주장이 아닌 것이다.

나는 행위자의 선택을 좌우하는 바우만의 캐릭터 개념을 '자리'라는 개념으로 보완하고 싶다. 달리 말하면 누구와 함께 어디에서 무엇을 하느냐에 따라 캐릭터의 표현과 변화 양상은 달라질 수 있다. 예를 들어 수용소의 간수들, 혹은 농성 중인 노동자와 철거민을 퇴거시키라고 명령받은 용역을 생각해보자. 그들 대부분은 인간적 존엄과 생존을 위해 싸우는 이들을 물리적으로 진압하라는 명령을 적극적으로, 혹은 소극적으로라도 수용한다. 그러나 그들이 만약에 '자리를 바꿔서' 피수용자들이나 노동자나 철거민과 '함께' 대화, 식사, 생활을 해본다면 그다음부터 그들은 상부로부터 내려온 진압 명령을 더 이상 적극적으로 수행하지 않을 수도 있다. 심지어 그동안 마지못해서 소극적으로 명령을 따랐던 이들은 그 명령을 거부하는 것이 더 자신의 양심과 인격에 부합된다고 생각할 수도 있다.

바우만이 말하는 캐릭터, 영웅적 결단과 체념적 수용 사이에 자리를 잡고 인간으로 하여금 자연스럽게 도덕적인 선택을 하도록 하는 성격이라는 개념은 내가 최근에 친구에게서 들은 또 다른 책의 내용을 연상시킨다. 그 책은 에바 포겔만이라는 학자가 쓴 『양심과 용기Conscience and Courage』(1995)라는 책이다. 이 책에는 텍의 경우와 유사하게 나치 시대에 위험을 감수하며 타인을 도왔던 사람들이 소개되어 있다. 포겔만은 이들의 행동을 '선의 평범성'(한나 아렌트가 나치 전범 아이히만을 표현하는 데 쓴 '악의 평범성'과 대조되는)이라는 개념으로 설명한다. 요컨대 그들은 어떤 영웅적 희생의식과 대단한 신념을 가지고 있던 사람들이 아니었다. 그들은 그저 "그렇게 할 수밖에 없었다"고, 그저 자기 본성에 맞는 선택을 한 것뿐이라고 고백한다. 그들에게 선행은 너무나 평범하면서도 필연적인 행동이었다.

텍과 포겔만의 이야기는 또 다른 수용소 이야기와 만난다. 『이것이 인간인가』(돌베개, 2007)를 쓴 프리모 레비는 나치 치하의 수용소에서 상반되는 두 사람을 만나 혼란에 빠진다. 한 사람은 "그들에게 동의하지 않겠다"고 선언하는 영웅적 인간인 슈타인라우프고, 다른 한 사람은 수용소에 너무나 잘 적응하며 살아가는 결함투성이의 인간 엘리아스다. 그 둘을 보며 프리모 레비는 질문한다.

"이 복잡한 암흑 세계와 대면한 나의 생각들은 혼란스럽다. (슈타인라우프처럼) 정말 체계를 세워서 그것을 실천해야 할까? 아니면

(엘리아스처럼) 체계가 없는 것에 적응하며 사는 것이 나을까?"(『이것이 인간인가』, 괄호 안은 필자)

수용소화 되어버린 현대 사회에서 사회학자의 역할

바우만은 이 책의 마지막 편지, '나는 반항한다, 고로 우리는 존재한다'에서 카뮈의 시시포스 이야기를 빌려와 레비의 질문에 답한다. 슈타인라우프와 엘리아스의 중간에 있는 어떤 성격의 사람들은, 즉 어떤 평범하고 선량한 사람들은 "자기 실존의 그 철저한 부조리에 직면해 있었던 시시포스의 곤경일지라도 그 안에는 분명 (아무리 지독히도 아주 작은 공간일지라도) 프로메테우스가 발을 들여놓아도 될 만큼 충분한 공간이 있는 법"임을, "수용하는 저 행위 자체가 반항으로 나아가는 길을 마련"할 수 있음을, 그렇게 '나'의 반항이 '우리'의 존재로 이어질 수 있음을 역사 속에서 입증해왔다.

사실 바우만은 마지막 편지에서 사회학적 규약을 어기고 있다. 그는 카뮈에 기대어 "반란과 혁명, 자유를 향한 노력들이야말로 인간의 실존에 필연적인 측면들이라고" 주장한다. 그런데 나는 일종의 '인간 본성론'을 역설할 때 바우만이 행하는 사회학에 대한 약속 위반이야말로 현대의 사회학자가 처한 곤경을 넘어서는 하나의 경로를 가리키고 있다고 생각한다. 바우만의 글이 수용소와 반항하는 인간으로 끝을 맺는 것은 우연이 아니다.

수용소화하고 있는 현대 자본주의 체제에서 사회학자가 할 수 있는 일이 뭐가 있을까? 수용소의 구조 분석이 어떤 효용과 가치를 가지는가? 인간들이 겉으로는 가볍고 유연해 보이는 사회 구조에 옴짝달싹 못 하게 예속되어 있으며, 그들이 보여주는 역동성이란 기껏해야 폐쇄 회로 안에서 맴돌고 있는 사회적 원자의 적응 능력에서 기인한다는 뻔한 사실을 복잡한 수학적 모델을 사용하여 통계적으로 보여주는 것이 무슨 의미가 있단 말인가?

과학으로서의 사회학을 질책하며 일군의 현실주의 사회학자들은 수용소의 통치 영역으로 이동한다. 그들은 능력 있는 전문가임을 자처하며 수용소의 정책을 개선하고 수용소에 갇힌 인간들을 비참으로부터 해방해주겠다고 약속한다. 물론 이 약속은 통치 영역으로 떠났던 사회학자들이 패잔병처럼 처진 어깨로 수용소의 숙소로 돌아오거나, 혹은 돌아오지 않는다면 유능한 테크노크라트^{technocrat}가 되어 통치자 못지않은 통치 기술을 과거에 함께 했던 동료들과 피지배자들을 향해 휘두르는 순간 산산이 깨지게 된다.

이때 바우만과 같은 어떤 사회학자들은 그동안 자신들이 암묵적 약속하에 외면했던 것들, 평범한 인간들과 사물들, 그것들의 희미한 신호와 움직임, 혹은 갑작스러운 분출과 반항에 주목한다. 소위 통계적으로 무의미한 '아웃라이어'로 불렸던 것들, 평균값을 왜곡하는 값으로 도표상에서 강제로 지워지고 추방됐던 것들, 이제 그것들로부터 은밀히 건네진 편지들을 읽고 그것에 일일이 장문의 답장을 쓰는 것에서부터 새로운 사회학적 상상력은 출발하게 될지 모른다.

본고는 〈프레시안〉(2012. 9. 21)에 게재한 원고를 수정·보완하여 작성한 것이다.

홀로코스트,
일시적 광기 아닌
반복 가능한 현재

⊙ 강성현(성공회대 동아시아연구소 HK 연구교수)

『현대성과 홀로코스트』
(정일준 옮김, 새물결, 2013)

2001년 봄, 지그문트 바우만의 『Modernity and the Holocaust(현대성과 홀로코스트)』, 그리고 허버트 허시의 『Genocide and Politics of Memory: Studying Death to Preserve Life(제노사이드와 기억의 정치)』라는 두 권의 책과 조우했다. 그 후 이 책들은 제노사이드, 국가 형성과 전쟁, 점령, 법과 폭력, 사상·사회 통제와 같은 나의 연구 관심과 방향을 결정지었다.

언젠가부터 나에게는 '학살 전문가'라는 딱지가 붙었다. 그런데 이 단어에서 풍기는 위화감은 차치하더라도 가끔 주변의 반응과 질문에 힘이 빠질 때가 있다. 사회학을 전공했으면서 왜 그렇게 학살 같은 잔인하고 주변적인 주제에 천착하느냐는 질문을 받을 때가 그렇다. 무심하게 툭 던지는 듯했지만, 대개 부정적인 반응이 보였다.

그리고 이런 질문에는 학살 같은 현상이 비사회적, 비일상적이라는 전제가 깔려 있다. 그러나 당시 나에게 집단학살이란 어떠한 광기에 의해 벌어지는 일시적 현상이 아니라 그 사회가 배태하고 있는 '역사성'과 '사회성' 속에서 설명되어야 한다는 확고부동한 생각이 자리하고 있었다.

유대인으로서 홀로코스트의 서사를 비판하다

2009년 『제노사이드와 기억의 정치: 삶을 위한 죽음의 연구』(책세상)를 번역·출간한 것은 그런 질문에 대한 내 나름의 첫 대답이었다. 그리고 2013년 『현대성과 홀로코스트』가 사회학자 정일준 교수에 의해 번역 출간되었을 때 매우 반가웠다. 사회(과)학이야말로 홀로코스트 문제를 천착해야 할 여러 이유가 있음을 이 책은 잘 보여준다.

지그문트 바우만은 60여 권의 책을 저술한 세계적인 사회학자다. 그의 사회학적 상상력과 심원한 통찰력은 한국에서도 유명하다. 현대성을 '솔리드'(고정성, 고체)와 '리퀴드'(유동성, 액체)로 개념화하는 독창성은 현대 사회와 오늘날 인간의 조건에 대한 이해를 도왔다. 많은 사람이 질문하고 의심하는 사회현상에 대한 이러한 직감적이면서도 명쾌한 단어는 우리가 살아가고 있는 시공간에 대한 이해를 확장시킨다. 바우만의 사회학적 개념들이 지닌 시의적이고 독창적인 면은 한국에서 흔치 않았던 사회학 개념의 유행을 가져오기도 했다. 『쓰레기가 되는 삶들』 이전에 단 2권에 불과하던 바우만 책의 한국어 번역본은 2008년 이후 20권 넘게 쏟아져 나왔다.

이런 상황에서 『현대성과 홀로코스트』의 한국어판 출간은 더욱 특별한 의미가 있다. 바우만의 명성을 세계에 알린 이 책은 현대성에 대한 바우만의 사상을 떠받치는 중요한 기둥이다. 그는 홀로코스트와 현대성 사이의 친화성에 대한 탐구를 통해 홀로코스트와 같은 (현대적) 제노사이드야말로 사회(과)학이 그동안 만들어 갈고 닦은 개념과 방법으로 씨름하고 천착해야 할 핵심 대상임을 역설했다.

"홀로코스트는 사악한 히틀러와 나치가 죄 없는 유대인들에게 저지른 끔찍한 범죄다." 유대인들의 고난과 비극을 드러내는 이 이미지는 홀로코스트 산업의 위력 덕분인지 한국에서도 일반 상식처럼 받아들여진다. 그런데 정작 폴란드계 유대인인 바우만은 '벽에 걸린 그림' 같은 이미지를 비판하고 스스로 과거에 그런 자기만족에 빠져 있었다고 반성한다.

바우만은 반시오니즘적인 태도를 보이고 있었지만, 아이러니하게 1968년 폴란드 공산당의 반시오니즘 운동으로 대부분의 폴란드 유대인들이 추방될 때, 바우만도 이스라엘을 거쳐 영국으로 망명했다. 그런 경험을 했음에도 불구하고 그는 어떻게 유대인의 고난과 비극으로 재현되는 홀로코스트 서사를 비판하고 반성할 수 있었을까?

스스로 밝혔듯이, 그의 지적 배경에 테오도르 아도르노와 한나 아렌트가 자리하고 있었다. 바우만은 그들이 미완으로 남겨놓았던 지점에서부터 작업을 진행했다. 홀로코스트를 가해자들의 정념, 예컨대 악함, 잔인함, 극악무도함, 증오, 쾌락이나 반시오니즘으로 인한 탈선적 범죄로 돌리게 되면, 현대적 삶의 본성에 대한 질문은 제기되지 않을 것이고, 홀로코스트라는 예외적 범죄에 대한 비난으로 그칠 것으로 보았다.

홀로코스트는 현재도 반복될 수 있다

바우만은 홀로코스트를 역사에서 빚어진 기괴한 탈선 이야기로 간주해서는 안 된다고 논의한다. 그의 표현을 빌리면 "홀로코스트는 문명사회라는 신체에 자란 암 덩어리도, 일시적인 광기도 아니었다." 그는 홀로코스트를 현대성과 정면으로 마주 보게 했다. 그래서 "역사에서 무슨 일이 일어났는지보다는 오늘날 우리가 사는 세계의 본성"을 이해하도록 안내했다. 이렇게 해서 그가 홀로코스트라는 '그림' 아닌 '창문' 너머로 보여준 것은 현대성이야말로 홀로코스트를 배태했고 언제 어디에서건 적당한 조건만 갖추어지면 다시 반복된다는 것이다.

바우만은 "홀로코스트는 우리의 합리적인 현대 사회에서, 우리 문명이 고도로 발전한 단계에서, 그리고 인류의 문화적 성취가 최고조에 달했을 때 태동해 실행"되었다고 말한다. 그렇기 때문에 홀로코스트는 현대 사회와 현대 문명과 현대 문화의 문제인 것이다.

분명 홀로코스트를 상상할 수 있게, 그리고 가능하게 한 것은 현대성과 합리성이었다. 나치의 가공할 만한 제노사이드는 인간의 얼굴을 지우고 '범주화'하는 것에서 출발했다. 독일인들의 이웃 또는 동료였던 '구체적 유대인들'로부터 한 명의 유일한 '추상적 유대인'

으로 분리시키기 위해, 그리고 구체적 유대인들을 배제, 강제이송, 감금을 통해 추상적 유대인의 위치로 집어넣기 위해서였다. 600만 유대인들의 개인적 차이와 얼굴은 그렇게 추상적 범주의 단일한 덩어리로 녹아 들어갔다.

여기에 극단적 인종주의는 유대인 덩어리를 박멸해야 할 '해충'으로 인식하게 했다. 이는 단지 이데올로기적 선동에 그치지 않고, 현대적인 질서 형성(구축) 충동과 연결되었다. 질서 구축으로서의 대량학살은 바우만이 현대적 삶과 홀로코스트 간의 친화성을 숙고할 때 특히 강조한 바 있다. 바우만이 즐겨 사용하는 '원예'와 '정원사'라는 은유를 떠올려보자. 정원사는 잡초를 뽑아내 유용한 식물들이 자랄 수 있도록 하고 전반적인 정원 설계의 우아함을 보존하려고 한다. "생존권을 인정받으려면 현실의 모든 요소는 그러한 기획에서 구상되고 있는 종류의 질서에서 유용함을 스스로 정당화해야 한다."

범주화와 질서 형성이라는 현대성의 요소가 광범위한 관료제 조직과 과학적 관리 기술 요소와 결합되지 않았다면, 홀로코스트가 다른 제노사이드와 구별되는 규모로 자행되지 않았을지도 모른다. 효율적인 '학살의 포드주의'는 덩어리로 추상화된 '범주적 학살'을 죽음의 대량생산으로 확대시켰다.

이것은 바로 홀로코스트의 독특성과 평범함에 대한 생각으로 이어진다. 보통 때는 따로 떨어져 있는 현대 사회의 아주 평범하고 일상적인 요소들이 조건이 맞아떨어지면 한 곳에서 조우해 유일무이한 파괴적 결과를 낳는다는 것 말이다.

바우만은 홀로코스트를 망각하지 말고 기억할 것을 촉구한다. 그러면서 홀로코스트로부터 무엇을 배울 것인가를 되묻는다. "그러한 조우에서 한데 모인 요소들은 당시에도 그리고 지금도 여전히 편재하며 정상적"이고 "악은 평범하면서 도처에 잠복해 있다"고 힘주어 말할 때, 그는 홀로코스트가 현재도 반복될 수 있음을 경고하고 있다.

그런데 바우만의 경고에는 또 다른 의미가 숨어 있다. '피해자됨의 가해자화' 문제라고 말할 수 있을 것이다. 그는 신중하게 오늘날의 홀로코스트 교훈의 해석과 소비되는 양상들을 되새겨본다. 그 가운데 "살아남는 것이 유일하게 중요하고 이기는 것"으로 홀로코스트의 교훈을 이해하는 것을 경계한다. 그가 볼 때 이러한 "생존에 대한 숭배에는 잠재적으로 가공할 정도의 위험이 들어 있다." 홀로코스트 교훈이 먼저 공격하는 자가 생존한다거나 심지어 훨씬 더 간단하게 더 강한 자가 생존한다는 단순한 공식으로 축소되어 대중적으로 소비되는 현실을 매우 심각하게 경고한다.

이것은 결국 "오늘날 전 세계적으로 되풀이되는 새로운 대량학살의 정당화에서 휘둘러지고 있는 가장 널리 퍼져 있는 간악한 주장들과 보조를 맞추며 완곡하게 지지를 보태고 있다"는 것이다. 이스라엘의 시오니즘과 팔레스타인에 대한 대량학살, 이를 베일로 가리는 특정한 목적을 가진 기억의 정치, 이 정치를 결과적으로 뒷받침하는 유대인 고난·비극 서사가 충만한 홀로코스트 기념관 등 홀로코스트 산업, 현재까지도 강력하게 떠돌고 있는 이 홀로코스트 유령에 대해 바우만은 망각하지 말고 기억의 정치에서 벗어나 기억할 것을 촉구하고 있다.

본고는 〈한겨레〉(2013. 7. 21)에 게재한 원고를 수정·보완하여 작성한 것이다.

후기근대를 통찰하는
비판이론의 대서사

⊙ 김현미(연세대 문화인류학과 교수)

『액체근대』
(이일수 옮김, 강, 2009)

최근 몇 년간 정치인과 연예인이 참여하는 TV 토크쇼가 인기를 끌고 있다. 이 프로그램들은 '더 세고, 솔직하고, 내밀한' 발언을 유도하는 일종의 폭로 및 고백 경연장이다. TV와 인터넷 등 각종 매체를 휩쓸고 있는 소문, 사생활, 괴담성 폭로의 서사와 이미지들은 근접할 수 없었던 스타나 정치인들의 이야기를 가십거리로 즐기게 해준다. 강도가 점점 높아지는 사적인 고백에 빠져들며 미디어 소비자들은 공적 인물의 습관, 의식주, 고통, 불행, 실수, 연애 등 개인적 서사를 낱낱이 즐길 수 있게 됐다. 이에 비해 용산참사사건, 노조법 개정, 테러방지법 등은 '다수의 문제'지만 시공간적으로 '나'와 분리된 다른 누군가의 이슈처럼 취급된다. 구조를 다루는 정치는 너무 딱딱하고 느리고 고통스러워 외면하고 싶다. 오락거리가 되어버린 개인의 서사들이 우리 일상을 장악하면서 공동체적 시민의식에 기초한 정치가 곤경에 처했는가? 아고라는 텅 비어버렸는가? 이런 질문을 던지는 바우만의 『액체근대』는 '공적인 것들'이 '사적인 것들'에 의해 식민지화되는 후기근대의 사회학적 비판이론이다.

이 책은 2000년에 출간된 그의 '액체근대' 시리즈 첫 번째 저작이다. "'견고한 것들을 녹이는 것'이 줄곧 근대의 가장 주요한 소일거리이자 으뜸가는 성취가 아니었던가?"라는 바우만의 말을 통해 근대의 심화는 곧 '액체화'로 이해된다. 액체는 쉽게 이동하고 멈추지 않으며 장애물을 넘어 부지불식간에 목표물을 점유하고 점령한다. 일단 그것에 적셔지면 추슬러 빠져나오기 힘들다. 액체는 적/동지, 적/연대 등의 경계 기반이던 고체적 존재들을 함락시켜 한데 뭉뚱그린다. 바우만의 『액체근대』는 자유롭게 유동하여 온 지구를 적시는 자본의 힘과 우리의 정체성 변화에 관한 사회학적 대서사다. 그는 액체근대라는 개념을 사용해 해방, 개인성, 시공간, 일, 공동체의 의미 변화를 해석한다.

도피와 무관심이 넘쳐나는 액체근대

바우만에게 근대는 '고체근대'와 '액체근대'로 구분된다. 과거의 고체근대성은 포드주의적 공장과 관료제로 상징된다. 이 체제는 우연성, 불명확성, 다양성을 공공연한 적으로 삼고 전체주의적 획일화와 단일화의 충동에 따라 사회를 '철창'으로 만들었다. 따라서 근대의 비판이론들은 어떻게 이 철창에서 인간의 자율성과 개인성을 해방할 수 있는가에 골몰했다.

액체근대에서 비판이론의 임무는 사라져가는 또는 비어가는 공적 공간을 정비하여 사람을 채워 넣는 일이다. 액체근대는 모든 결속에서 벗어난 개인화로 특징지어진다. 법적인 자율성을 획득한 근대의 개인은 자신을 사회공간에 유일하게 적법한 임자라고 주장하면서 "더 이상 얽매이지 말자"고 외치며 자기계발의 주체가 된다. 액체근대에서 자본은 감원, 규제 철폐, 유연화, 재정과 부동산 및 노동시장의 자유화를 위해 국가, 민족, 지역, 성별, 계급적 정체성의 벽을 뚫고 개인들을 적시며 말랑말랑하고 가벼운 소비자로 변형시킨다. 결국 지도자와 추종자 간, 자본과 노동 간 결속과 상호의존이 종말을 맞음으로써, 엘리트들은 '도망가고 미끄러지는 기술들'을 통해 모든 사회적 책임으로부터 해방되었다. 정치 엘리트들 또한 자유로운 기업의 이해를 증진하기 위한 규칙을 만드는 것을 정치의 목적이라 생각한다. 이 때문에 모두를 위한 사회적이며 공공적인 것에 관심을 기울이지 않는다.

마찬가지로 소비자로서 상품 선택의 다양성을 자유의 확장으로 인식하게 된 개인들은 꼬드김, 욕망, 일시적 바람에 요동치지만 대문자 정치^{Politics}에는 자유방임적 태도를 가지게 된다. 글로벌 자본의 질서는 불안정성과 불확정성, 불안감이라는 거대한 구조를 일상화하지만 사회적 모순과 위험을 해결할 의무와 필요는 개인적 차원의 문제로 남긴다. 그리하여 공적 공간은 신뢰, 참여, 헌신 대신 도피와 무관심만 넘쳐나는 공간이 되어간다. 소비자로서의 자유와 인간으로서의 삶 사이의 불안과 깊어가는 부조화에 대한 반응으로 개인은 확실성과 안전을 갈망한다. 그러나 장기적 상호의존성이나 결속이 끊긴 "오늘날 공포, 근심, 슬픔은 혼자 감당하게끔 되었다." 돈 많은 소수는 삼엄한 경비로 보호되는 '요새주택'에 안주하는 길을 택하고 대다수는 맹목적인 공동체주의로 회귀하게 된다. 바우만은 공동체주의의 대표 격인 민족주의가 내부 갈등을 없애고 동질성의 신화를 만들기 위해 외부 희생양이 필요한 폭력을 수반한다고 주장한다. 그는 최근에 일어난 인종학살이나 전쟁이 바로 민족주의의 결과물이며, 액체근대가 '화약고 사회'를 배태한 근대임을 주장한다.

자유방임처럼 죄 많은 것도 없다

이 책은 이런 의미에서 마르크스의 정치경제학 비판을 계승하면서 "세상과 정치적 다리 놓기"를 추구한다. 그러나 근대성의 '녹이는 힘'에 대항하여 '어떻게 진정한 정치적 자유를 획득할 수 있을까?'라는 질문에 대한 구체적인 해답을 얻기는 쉽지 않다. 바우만은 액체근대의 개인이 망명자 같은 태도로 "흡수 통합되기를 거부하며" "정신적 이동성을 지향하는" 삶의 전략을 지녀야 한다고 주장한다. 거리를 두고 사유하는 힘을 통해 숙명론에서 벗어나 책임 있는 선택을 하는 것이 사회적 개인의 역할이며, 그것을 유도하는 사회분석이 사회학의 몫이다. 이 책 전반에는 그런 통찰이 가득하지만, 현란하고 반복적인 수사학에 무기력해지거나 지루해진 독자는 바우만이 어떤 식으로든 땅에 발을 딛고 제안하는 행동강령을 기대할지도 모르겠다. 문제는 바우만의 저작들이 현상을 꿰뚫어 보지만 '보편적이고 글로벌한' 지식인의 지위를 확보하기 위해 '현실적 참조대상'을 그리 필요로 하지 않는다는 점이다. 보편은 특수와, 이론은 사례와 구별된다. 그런 점에서 바우만은 특정한 현장에서 시시콜콜 관여하여 행동사례를 제안하는 지역사회학자와는 다른 위치에 서 있다.

액체근대가 지적한 정치의 오락화를 목격하지만 동시에 '촛불시위'와 같은 대규모의 직접행동주의를 경험한 한국인들에게는 『액체근대』의 과도한 수사학이 부담스럽고 조금은 실망스러울 수 있다. 하지만 바우만의 통찰력은 바로 이러한 시학적 문체의 '초대' 형식에서 나온다. 그는 고체근대의 공간적 집착과 복종, 액체근대의 자본이 가진 전지전능성과 불안을 경험한 우리에게 괴로움의 진정한 원천에 직면하는 것이 '정치'라는 점을 지속적으로 환기한다. 그 괴로움은 유동하는 자본과 정치 엘리트들이 만들어낸 불확실성, 불안정, 불안전이라는 "세속적 삼위일체"다. 하지만 소비자가 된 개인은 그 과정에 속박된 채 불행과 무기력감에 시달린다. 결국 자유와 자율을 획득하기 위해 책임질 수 있는 선택을 하는 것이 정치다. 바우만은 부르디외의 말을 빌려 "자유방임처럼 죄 많은 것도 없다"고 외친다.

정치적 장소의 규모 또한 변화되어야 한다. 액체근대는 전 지구적이고 지역적인 장소에 현존하는 이데올로기며 실체이기 때문에 단일 국가나 지역의 정치를 넘어서는 정치적 상상력이 필요하다. 따라서 '안식처로 가고 싶은 충동'을 환기하는 우파 민족주의와 같은 전통적 공동체주의가 아닌 낯선 이방인들 간의 정치적 연대를 구체화해야 한다. 신자유주의라는 폭력적인 물결이 사회적 안전판들을 무너뜨리며 정처 없는 난민을 양산한다. 최근 자주 일어나는 쓰나미나 지진, 미세먼지 등의 거대한 자연재해들도 벌채나 개발, 빈곤화, 공공투자의 후퇴 등 신자유주의적 구조조정의 결과물이 아니던가.

지금 액체근대를 살아가는 개인들은 자연재해가 더 이상 자연적인 것이 아니며 또한 예측할 수 없는 것도 아님을 깨닫고 이에 대한 인간적이고 문명적인 해결책을 요구하고 있다. 바우만의 말대로 지난날의 부재지주不在地主처럼 권력을 가지되 대중의 삶에 예속되지 않는 전 지구적 엘리트들을 세계 시민의 이름으로 소환하여 사회적 책무를 지우는 일이 필요한 때다.

본고는 〈창작과비평〉 제147호(2010. 3. 1)에 게재한 원고를 수정·보완하여 작성한 것이다.

불안하면서도 위험한
잠정적 공존

⊙ 홍순철(BC 에이전시 대표)

『모두스 비벤디』
(한상석 옮김, 후마니타스, 2010)

인류가 살아온 역사를 시대적으로 구분할 때 일반적으로 고대, 중세, 근대, 현대라는 네 가지 개념을 사용한다. 그리고 아무런 의심 없이 우리가 지금 살고 있는 시대를 현대라고 믿는다. 그런데 가만 생각해보면 '현대現代'라는 개념처럼 모호한 시대 구분도 없는 듯하다. 현대라는 말을 풀어보면 '현재 진행되고 있는 시대'라는 말인데, 과거인들에게는 과거가 현대였고, 현재인들에게는 현재가 현대며, 미래인들에게는 미래가 현대일 것이기 때문이다. 2500년대를 살아갈 미래 세대는 자신들이 살아갈 시대를 뭐라고 부르게 될까?

현대라는 단어에는 도시적이면서도 세련된 이미지가 투영되어 있는 반면, 근대近代라는 단어는 왠지 부정적인 이미지가 강하다. 또한 서구에서 사용되는 근대와 아시아에서 사용되는 근대 사이에는 미묘한 개념 차이가 존재한다. 서구의 근대는 봉건제가 무너지면서 국가가 탄생하고 자발적인 시민 혁명을 통해 꽃을 피웠지만, 아시아의 근대는 침략과 전쟁을 통해 폭력적이면서도 비자발적으로 시작됐다. 이러한 이유로 우리에게 근대는 시대착오적인 것이거나 하루속히 벗어나야 하는 시대로 여겨지고 있는지도 모르겠다.

　　2017년의 시작과 함께 유독 '근대성'에 천착했던 유럽의 대표적인 지성인 지그문트 바우만의 타계 소식이 들려왔다. 우리나라에서도 『액체근대』, 『리퀴드 러브』, 『유동하는 공포』, 『왜 우리는 불평등을 감수하는가?』를 포함해 10여 권의 책들이 단기간에 번역 출간되었을 만큼 지그문트 바우만이 21세기 사상 구축에 미친 영향력은 대단하다고 할 수 있다. 특히 그의 핵심 사상으로 일컬어지는 '유동하는 근대' 개념은 '포스트모던'이나 '탈근대'와는 분명히 구분되는 것이었다. 신자유주의와 세계화로 인해 국가가 기능을 상실하고 울타리 역할을 하는 사회 공동체가 파괴되면서 개인들이 불안과 공포 속으로 빠져드는 상황을 지그문트 바우만은 '유동하는 근대'라고 표현했다. 견고한[solid] 것들이 사라지고 유동하는[liquid] 것들이 넘쳐나는 국면이다.

일시적이고 잠정적인 개인의 삶

『모두스 비벤디』는 바우만의 여러 저작물 가운데 '유동하는 근대' 개념을 가장 압축적이고 간략하게 소개한 책으로, 2006년 영국에서 출간된 『Liquid Times: Living in an age of Uncertainty(유동하는

시대: 불확실성 시대의 삶)』를 우리말로 옮긴 것이다. 한국어판에서는 '견해가 서로 다른 이들 사이의 잠정적인 협약'을 의미하는 '모두스 비벤디Modus Vivendi'라는 라틴어를 제목으로 사용했다. 바우만은 유동하는 근대에서 개인들의 삶을 일시적이면서도 잠정적인 공존과도 같다는 의미로 모두스 비벤디라고 표현했다. 이방인과 공간을 공유하는 도시 주민의 삶의 양식, 전지구적 엘리트들과 하층계급underclass들이 불안하게 공존하면서 만들어가는 삶의 양식, 난민과 도시민, 인간쓰레기가 뒤엉켜 만들어내는 삶의 양식 등이 유동하는 근대가 만들어낸 모습들이다. 격리, 분리, 배제, 낙인, 빈민, 난민, 수용소 등은 위태한 공존을 상징하는 단어들이다.

운명의 횡포가 가진 돌연성과 불규칙성, 그리고 어떤 방향에서도 나타날 수 있는 고약한 능력, 이 모든 것이 그 횡포를 예측할 수 없게 만들고, 따라서 우리로 하여금 무방비 상태에 놓이게 만든다. 위험이 현저하게 제멋대로 떠다니고 변덕스러우며 어이없는 것으로 남는한, 우리들은 꼼짝 못하고 표적이 될 수밖에 없다. 위험을 막기 위해우리가 할 수 있는 일은 거의 없다는 말이다. 희망이 없는 이런 상태는 끔찍한 것이다. 불확실성은 공포를 의미한다. 우리들이 사고가 없는 세상을 계속 꿈꾸는 것은 당연하다. 우리가 꿈꾸는 세상은 규칙적인 세상, 예측 가능한 세상이지, 전혀 그 속을 알 수 없는poker-faced 세상이 아니다.

바우만은 근대 세계가 수세기 동안 '유토피아'를 꿈꾸는 낙관적인 세계였으나, 제2의 근대라고도 부를 수 있는 지금 이 세계는 마치 '지옥'과도 같은 곳이 되어버렸다고 한탄한다. 탈출하기조차 힘든 이 지옥 같은 세계에서 우리는 점차 인간으로서의 존엄성을 포기할 수밖에 없고, 잉여 인간 아니면 쓰레기와 같은 존재로 전락해버리고 말 것이라고 경고한다.

네트워크로 전락해버린 사회공동체

근대 세계에서는 정원사들이 자신들의 정원을 아름답게 가꾸기 위해 계획하고 설계하고 관리했지만, 유동하는 근대 세계에서는 오로지 사냥꾼들이 지배하고 있다. 정원사들은 균형과 조화의 관점에서 생각한다. 자신이 머릿속에 배치한 바람직한 정원 안에서 어떤 종류의 식물이 자라야 하고 어떤 식물이 자라면 안 되는지 잘 알고 있다. 하지만 사냥꾼들은 사물의 균형 따윈 신경 쓰지 않는다. 오로지 사냥감을 죽여 자루를 채우는 데만 관심을 가지며, 사냥이 끝나면 또 다른 사냥을 향해 나서는 존재들이다.

바우만은 유동하는 근대 세계에 살고 있는 우리가 모두 사냥꾼처럼 행동하도록 요구받거나 강요당하고 있다고 지적한다. 사냥꾼이 되기를 머뭇거리면 사냥꾼의 대열에서 추방되거나 아예 사냥감으로 전락해버리고 만다. 삶의 의미는 생각지도 못한 채 끝없이 뭔가를 추구하면서 탐욕에 사로잡힌 사람들, 타인에 대한 배려나 공감보다는 오로지 나만이 중요하다고 믿는 사람들, 권력이나 자본에만 심취했던 초엘리트들, 최근 들어 TV화면에 자주 등장하는 인물들에게서 오로지 먹잇감을 찾아 사냥에만 충실했던 비정한 사냥꾼들의 모습이 보이는 것 같아 씁쓸하다.

이제 도피는 도시에서 가장 인기 있는 게임이 되어가고 있다. 의미상 도피는 유토피아와 반대지만, 심리적으로 현 상황에서는 우리가 이용 가능한 유일한 대체물이다. 혹자는 탈규제화되고 개인화된 소비사회에 맞춰 새로 업데이트한 최신판이자 첨단 기술을 적용해 새롭게 디자인한, 유토피아의 대체물이라고 할 것이다. 당신은 더 이상 세상을 더욱더 살기 좋은 곳으로 만들겠다는 진지한 희망을 품을 수 없다. 어떻게든 혼자서 자기 삶을 개척해나가야 하는 이 세상에서 안전한 곳이란 없다. 자신이 가까스로 마련한 그나마 좀 더 살기 좋은 장소에서조차 말이다. 불안은 그곳에도 있을 것이다. 어떤 일이 일어나더라도 말이다. 무엇보다 행운은 '불운'을 멀리하는 것을 의미한다.

얼마 전까지 유행한 '힐링'이라는 것도 유토피아를 포기한 개인들이 추구할 수밖에 없었던 심리적 도피처 아니었던가? 불안한 개인들이 각자 알아서 제 살길을 찾아야만 하는 작금의 '각자도생' 상황은 바우만이 이미 그의 책에서 예견했던 상황이었다.

'유동성', '유연성', '탄력성' 등은 세계화가 가속화되고 모든 분야에서 경쟁이 더욱 치열해지면서 자주 듣게 된 용어들이다. 이러한 일련의 변화들이 우리에게 더 많은 자유와 기회를 선물해줄 것이라고 기대했는데, 시간이 지날수록 오히려 정반대의 상황이 나타나고 있다. 감시와 통제는 더욱 교묘해지고 '의자 빼앗기' 놀이처럼 기회는 점점 더 줄어들고 있다. 체념과 절망이 전 세대에 팽배해지고 있다. 사회공동체는 더 이상 안전한 '시스템'이 아니라 필요할 때 연결했다가 언제든 끊을 수 있는 '네트워크'로 전락해버렸다. 미래에 대한 계획을 수립할 때도 '장기적인 관점'보다 변화에 따른 '빠른 대처 능력'이 중요하게 여겨진다. 국가와 사회에 이어 가족마저도 해체 단계다. 모든 것이 제멋대로 출렁거리며 유동하는 변화무쌍한 시대에 확실하거나 안전한 것은 더 이상 존재하지 않는다.

진보와 발전의 종착지에는 유토피아가 펼쳐질 줄 알았는데 도리어 지옥이 기다리고 있다. 그렇다면 이제 어쩌란 말인가? 바우만은 책의 머리말을 통해 '질문은 던지지만 명쾌한 답변은커녕 답변을 제시하려는 시도조차 하지 않을 것'이라고 이미 밝혀놓았다. 이제 우리 스스로 책의 질문에 답할 차례다.

본고는 〈경향신문〉(2017. 2. 3)에 게재한 원고를 수정·보완하여 작성한 것이다.

유동하는 세계에서 흔들리며 신을 말하기

⊙ 김기현(로고스서원 대표)

『신과 인간에 대하여』, 『인간의 조건』
(스타니스와프 오비레크 대담, 각 안규남·조형준 옮김, 동녘, 2016)

여전히 신은 내게 어렵다. 일평생 신을 믿고, 묻고, 말하고, 스피노자처럼 신에 취한 사람이고자 신학자와 목회자, 저술가가 된 내게, 신은 여전히 문젯거리다. 신을 말하지 않고 인간은 자신과 자신을 둘러싼 세계를 이해할 수 없으며, 신을 말하는 것은 곧 인간을 말하는 것임을 믿기에, 그 신을 말하는 것을 직업으로 삼았지만 신은 나에게 언제까지나 곤혹스럽다.

왜 그런가? 먼저 신학의 대상 때문이다. 신학의 대상은 뭐니 뭐니 해도 신이다. 철학적으로 신은 인간 이성의 한계선 저 바깥에 계신 분이라 참으로 오리무중이다. 역사적으로 신과 폭력은 지나치게 결부되어 있다. 불법적인 재판을 받고 폭력적인 십자가에서 죽은 예수의 추종자들이 핍박받던 종교에서 다른 이들을 핍박하는 종교로 급격하게 변신한 것은 실로 아찔하다.

다성음과 다신론

바우만과 오비레크는 신이 강제와 강요, 폭력과 결부되어 있다고 이해하는 점에서 일치한다. 다름을 인정하지 않는 유일신앙은 타자의 신앙과 공존하기 어렵다. 오직 하나인 신만이 유일하고 참된 신이라면, 신이라고 불리는 것들은 당연히 부정될 수밖에 없기 때문이다. 게다가 영주가 신앙을 결정한다는 베스트팔렌 조약 이후, 정치적으로 민족과 국가가 일치되면서 비아워비에자 숲^{Białowieża Forest}의 평화는 사라지고 민족 간 갈등이 격화되었듯이, 지역화·국가화된 종교 간의 갈등이 폭발하는 것도 불가피하다.

이에 오비레크는 '다성음'을, 바우만은 '다신론'을 제안한다. 두 사람의 공통점은 인간이 인간다운 삶을 추구한다는 데 있다. 예수회 사제 출신에게 하나님을 포기한다는 것은 인간성 상실과 같다. 삼위일체론에서 보듯이 좀체 가늠하기 어려운 신 안에 다양성과 통일성이 이미 내재되어 있다는 것은 유일신앙이 하나의 신앙 안에서도 다른 해석의 여지를 폭넓게 허용한다는 것이 종교학자의 주장이다.

반면, 바우만에게 유일신앙은 타자를 원천적으로 배제하려는 근본주의의 가능성을 내재한 것이다. 하나의 신에 대한 풍부한 해석을 허용한다고 해도, 궁극적으로 자신의 고유성과 독특성을 강조하는 유일체계이므로 타자를 배제하거나 폭력으로 나아갈 공산이 크다. 따라서 그는 다른 신앙과의 만남으로 자신을 확장하고, 타자에 대한 관용으로 나아가겠느냐는 의문을 품는다. 허용의 폭이 얼마나 넓겠냐는 것이다. 그는 다신론만이 종교가 서로 공존하는 터전이라고 주장한다.

예측할 수 없는 다원적 세계 속에서 종교는 선택의 대상일 수밖에 없다. 종교도 마치 시장의 물건처럼 취향과 필요에 따라 고르는 시대다. 그 많고 많은 신 중에서 어떤 신이, 어떤 종교가 흔들리는 세계 속에서 책임적 존재로 인간을 세울 것인가?

나는 바우만의 생각에 동의한다. 인간이 인간을 신격화하는 것, 인간적인 어떤 것을 신적인 것으로 숭배하려는 일체의 시도가 초래한 독재와 폭력, 전쟁의 광기 한가운데를 지나온 그에게는 유일신앙이 곧 유일체계로 간주될 법하다.

그러나 폭력적 세상 속에서 비폭력적 삶을 사는 것이 세상과 구별됨이고, 자신과 다르다는 이유만으로 배제하는 사회적 메커니즘을 거슬러 동일한 하나님의 자녀로 인식하고 사랑하는 것, 그것이 바로 신앙의 정체성이고 구별됨이다. 불행하게도 기독교는 바우만이 지적한 대로 자신의 기득권과 이념을 지키기 위해 사회적 약자를 자신의 공동체 내에서 분리시키는 길을 걸었다.

나는 이런 질문을 던진다. 유일신론이 독재와 억압이라면, 다신론은 해방과 구원일까? 동아시아 전통은 종교적 다양성이 일상이었지만 죽고 죽이는 격렬한 사문논쟁을 벌였고, 다원주의의 고향인 인도의 종교 갈등은 정치와 서구의 탓만이 아니다. 또 8백만 신을 제대로 믿고자 애쓰다가 그 모든 신을 만족하게 할 방도가 없다는 것을 알고 점차 성마른 인간이 되었지만, 단 하나의 신에 관한 신앙으로 자유를 누리게 된 우치무라 간조의 이야기를 안다면, 일신론이 필연적으로 배제와 폭력으로 연결되는 것이 아니며, 다신론 또한 반드시 수용과 관용으로 이어지는 것은 아님을 알 수 있다. 하여, 나는 다성음의 오비레크에 이끌린다.

다음으로 신학함의 곤혹스러움은 신학의 방법에 기인한다. 신학이라고 했을 때의 '학'은 '로고스^{logos}'다. 그것은 언어, 이성, 논리, 학문 등 수십여 가지의 뜻을 함축하는데, 그 어떤 것도 신에 적합한 방식이 아니다. 무릇 신이 인간 이성의 틀에 맞춰 재단된다면 그것은 신이라고 할 수 없다. 그러나 그 틀을 벗어나기만 한다면 그 역시 신으로 인식되고 믿을 수 없다.

그런 점에서 나는 『신과 인간에 대하여』가 바우만과 오비레크의 대화 형식을 띠고, 『인간의 조건』은 편지를 주고받는 형식이라는 점에 주목했다. 사실, 신약성서의 하나님은 편지를 쓰는 신이다. 신약성경도 27권 중에서 편지가 대략 21권이다. 권수로만 따진다면, 70%를 웃돈다. 따라서 신과 인간의 대화가 일방적·수직적으로 내리꽂는 것이 아닌 쌍방적이면서 변화와 개입의 여지가 많은 헐렁한 대화라는 것을 다시 한번 확인할 수 있다.

신학에는 사회학이 필요하다

오비레크와 바우만 사이에는 따뜻한 공감과 상호 긍정이 형성된다. 자기들만의 내부 규율을 폭력적으로 강제하는 예수회를 떠나야 했던 오비레크와 인간의 신격화, 곧 유한한 인간의 역사적 제도를 마치 신적인 것처럼 고양하여 인간 해방이 아닌 억압의 이데올로기로 전락한 공산주의로부터 쫓겨난 바우만에게는 분명 공통점이 있다.

그렇지만 두 사람 사이에는 어쩔 수 없는 불일치가 존재한다. 프로메테우스 진영의 바우만에게 종교는 인정할 수 있지만, 그 종교가 유일신앙인 것은 받아들이기 어렵다. 그러나 메시아 진영의 오비레크는 자신을 버린 가톨릭을 끝내 버리지 못하고, 유일신앙 내부의 다원적인 토대를 풍부하게 발전시키는 다성음의 신학을 추구한다.

그래도 두 사람은 예의를 갖춘다. 바우만은 신학에 관한 한 자신이 문외한임을 겸손하게 인정하고 배우기를 자청한다. 오비레크는 바우만의 민족 이해를 민족소멸론으로 오해하고 성급하게 대든 점을 사과한다. 바우만은 루터의 '나는 달리 어찌할 수 없다'는 선언에 대한 오비레크의 오해를 부드럽게 교정해주기도 한다. 무릇 진정한 대화는 자신과 동질적인 이들과의 내부 거래가 아니다. 자신이 "혐오하는 견해를 지닌 사람들과도 기꺼이 이야기를 나누려는 자세가 요구"된다.

신학은 신의 고유함에 걸맞은 방식으로 이루어져야 한다. 예를 들어 역사의 한복판에서 행동하고, 인간에게 말을 건네며, 글을 쓰는 신이라면 신학은 논리 정연한 명제의 체계가 아닌 신과 인간, 신과 자연, 신과 역사라는 쌍방의 예측 불가능한 만남이고 대화여야 한다. 일방적인 강연이나 논문은 화자나 논자가 자신의 논리를 일관되게 밀고 나가면 그만이지만, 대화와 편지는 자신의 의도와 의사와 무관하게 종종 엉뚱한 곳으로 흐르기 때문이다. 신도 그 위험 부담을 기꺼이 감수했다면, 신학이야 더 말해 무엇하겠는가.

'신학은 과연 학문^{Science}인가'라는 물음을 두고 갑론을박을 벌였다. 신학을 통해 자신과 다른 언어와 문법을 지닌 타자들과 의미 있는 대화를 하였느냐고 물으면 가슴이 답답해진다. 기독교 내부에서조차도 진영이 다르면 적대적이기 십상이다. 신학의 영토를 벗어나면 기독교 언어는 숫제 방언이다. 목사는 레위지파라는 기독교 내부에서도 허용될 수 없는 말을 누가 알아듣겠는가.

이렇게 게토화된 기독교는 신을 말하면서도 실상은 인간을 잊었거나, 그 신은 철저히 감추어진 욕망의 화신이었을지도 모른다. 신을 말하는 인간에게는 나는 너와 다르다는 배타적인 선민의식이 자리 잡고 있다. 그들은 사회적으로 스스로 고립될 뿐만 아니라 다른 누군가를 배제한다. 바로 이것 때문에 신학에는 사회학이 필요하고, 어떤 학자보다도 대담집을 많이 출간한 바우만의 책을 읽어야 한다. 바우만과의 대화에 뛰어든 오비레크처럼 말이다.

그 대화에는 물론 위험 요소가 따른다. 낯선 언어를 애써 이해해야 하고, 날 선 비판도 감수해야 한다. 바로 그것이 우리를 급격히 요동치며 흔들리는 불확실한 액체근대에서도 물려받은 전통의 답습자가 아니라 매 순간 선택하는 도덕적 책임자가 되게 한다. 태초의 유혹이 없었다면, 선택지가 없었다면, 우리는 자유도 없고, 도덕적 인간이 되지 못했을 것이다. 그리고 보면 태초 이래로 세상은 고체가 아니라 액체였다. 예수도 겟세마네 동산에서 흔들리지 않았던가.

위험한 유혹이 있기에 희망도 있다. 바우만은 "아직 희망이 살아 있다면 인류를 위해 부고를 쓰는 것은 시기상조입니다. 희망은 불멸이라는 믿음을 버릴 수 없습니다"라고 말했다. 아직 신학의 부고를 쓰기에 신은 살아 있고, 바우만이 있기에 인류의 부고를 쓰는 것도 시기상조일 것이다.

시간 여행자,
50대의 바우만을 만나다

⊙ 강양구(지식 큐레이터)

『사회주의, 생동하는 유토피아』
(윤태준 옮김, 오월의봄, 2016)

『사회주의, 생동하는 유토피아』를 읽고 나서 마음이 착잡했다. 1976년에 원서가 나온 이 책은 40년 만에 한국어로 번역되어 출간됐다. 이 책에서 실패한 유토피아 실험으로 규정한 소련은 이미 25년 전에 몰락해서 역사 속으로 사라졌다. 그리고 이 책의 제목과는 정반대로 인류는 신자유주의라는 정말로 생동하는 '그들만의' 유토피아를 경험했다.

　한국 사회로 눈을 돌려보면 상황은 더욱더 참담하다. 이 책이 나오고 나서 독재자(박정희)가 총탄을 맞고서 사라졌지만(1979년), 그 뒤를 이어 또 다른 독재자(전두환)가 등장했다. 반독재 운동을 하던 와중에 유토피아를 꿈꿨던 학생, 지식인, 노동 운동가들을 사로잡았던 롤 모델은 이미 실패한 것으로 결론이 난 소련과 그것의 기괴한 변주였던 북한이었다.

그 뒤에 무슨 일이 있었는지는 모두가 다 안다. 1991년에 소련이 붕괴하고, 북한에 굶어 죽는 이들이 속출하자 독재의 그늘 아래서 살아남은 이들은 좌절하고, 침묵하고, 변절했다. 그러고 나서 한국 사회는 지구화의 물결에 휩쓸리면서 '신자유주의, 정말로 생동하는 유토피아'를 맞이했다. 물론 1997년 외환 위기로 그 유토피아가 대다수 사람에게는 지옥이었음이 드러났다.

그렇게 한국이 신자유주의를 유토피아로 영접할 때, 무슨 상품처럼 '포스트모던' 브랜드가 덕지덕지 붙은 '불란서' 담론이 유행했다. 그 유토피아의 민낯이 드러나고 나서 한참 후에 비로소 바우만이 유동하는 현대의 사상가로 국내에 소개되었다. 1925년에 태어난 20세기 사상가인 그가 졸지에 21세기의 사상가로 반도에 소개된 것이다.

이런 맥락을 염두에 두어서일까? 책을 읽는 내내, 1976년의 바우만 또 (그가 적재적소에 인용하고 논평하는) 지금은 고인이 되어 책으로만 만날 수 있는 수많은 당대의 논객(예를 들어, 2007년 타계한 앙드레 고르)과 대화를 나누었다. 내가 마치 미래에서 과거로 간 시간 여행자가 된 것처럼.

그람시를 무기로 유토피아를 그리다

『사회주의, 생동하는 유토피아』는 그 자체로 의미 있는 책이다. 폴란드 바르샤바대학 교수였던 바우만은 사회주의, 마르크스주의 이론가로 활동하다가 공산당이 주도한 반시오니즘 광풍의 희생양이 되어서 국적을 박탈당한 채 1968년 조국을 떠났다. 그때 나이가 만 마흔셋이었고, 그가 이스라엘을 거쳐서 영국의 리즈대학에 정착했을 때는 만 마흔일곱이었다.

아흔이 넘을 때까지 영욕의 세월을 살리라고는, 그래서 21세기의 사상가가 되리라고는 상상도 못 했을 바우만으로서는 새롭게 정착한 이국의 대학에서 학자로서의 실력과 비전을 동시에 보이고 싶었으리라. 그는 1973년 『실천으로서의 문화Culture as Praxis』를 펴낸 데 이어서, 1976년 『사회주의, 생동하는 유토피아』를 펴낸다.

폴란드에서 영국으로 건너온 바우만은 변방의 촌뜨기 지식인이 아니었다. "1970년대 초반의 영국 사회학은 세계적 경향의 최전선에 있지 않았기에, 바르샤바대학 출신의 신출내기"가 새롭게 배워야 할 것은 많지 않았다. 어떤 면에서 영국의 사회학은 폴란드보다 "뒤떨어진 느낌"을 주었고, "영국 동료들이 열광했던 대부분의 이론들은" 그가 이미 알고 있는 것이었다.

바우만이 "폴란드 동료 사회학자들과 더불어 이미 발견한" 이론 가운데 하나가 바로 이탈리아 마르크시스트 안토니오 그람시의 문화 이론이었다. 자신만의 비판 사회 이론을 정립하고자 했던 그가 가장 영향을 받았던 사상가도 바로 그람시였다. 당연히 『사회주의, 생동하는 유토피아』도 그람시의 영향이 짙다.

이 대목에서 한 가지 의문부터 해결하자. 사회주의를 "생동하는 유토피아"라고 규정한 바우만의 의도는 무엇일까? 그는 사회주를 특정한 경제 구조(생산 수단의 사회화 등)를 가진 어떤 실체로 규정하는 것을 거부한다. 그에게 사회주의는 자본주의 유토피아에 맞서는 일종의 '반문화'다.

당연히 사회주의 유토피아는 자본주의에 맞서는 어떤 태도나 신념을 지칭한다. 바우만은 그람시를 따라서 문화야말로 자본주의를 극복하고 또 사회주의를 성취하는 데 있어서 핵심이라고 간파했다. 왜냐하면, 자본주의 유토피아의 상식(헤게모니)을 전복하지 않고서는 절대로 자유와 평등이 앙상블을 이루는 사회주의 유토피아가 도래할 수 없기 때문이다.

이 대목에서 바우만의 혜안에 탄복할 수밖에 없었다. 1990년대 초반 현실 사회주의가 몰락하고 나서 또 신자유주의가 득세하면서 한국을 비롯한 전 세계 진보 학계의 화두 가운데 하나는 자본주의 인간형의 정체를 규명하고 그것을 극복하는 것이다. 그런데 이에 대한 초보적인 논의를 바우만은 이미 40년 전에 선취하고 있었다.

지금, 왜 다시 유토피아인가?

이뿐만이 아니다. 『사회주의, 생동하는 유토피아』는 2000년대 이후 '유동하는 현대'의 사상가로 등장한 바우만도 이미 예고하고 있다. 실제로 칠순 노인이 되고 나서 바우만이 21세기에 쏟아낸 여러 책에 담긴 핵심 사상이 때로는 단초 형태로, 때로는 구체적인 모습으로 이 책 곳곳에 널려 있다.

예를 들어, 바우만은 (1990년에 타계한 앙리 르페브르를 언급하면서) "언뜻 무해해 보이는" 장치들이 "인간의 행위를 단조로운 반복 속에 단단히 묶어두고, 복종을 합리성으로 위장"하는 세기말의 자본주의를 고발한다. 이런 세태 속에서 "지배적인 문화는 불가능하지 않은 것 모두를 있을 법하지 않은 일"로 변형시킨다.

이렇게 세상이 허락한 "축소된 이성"만을 누리며 "공포로부터 자유로운 상황을 누리도록 허락받은 시민"이 만일 〈매트릭스〉의 네오처럼 빨간 약(진실)을 취하려 한다면 "편집증 환자"로 간주된다. 그래서 근대의 합리성을 상징하는 "계몽주의의 자연스러운 결과는 파시스트에 대한 거부가 아니라" 그것에 대한 승인이다.

알다시피, 바우만은 50대 초반에 던졌던 이런 생각의 단편을 신자유주의 유토피아가 만개한 한 세대(30년)의 시간을 견디며 심화했다. 그런 통찰이 21세기 일상생활에 대한 날카로운 관찰과 만나서 어떻게 우리 시대를 대표하는 비판 이론이 되었는지 확인하는 것은 이제 우리의 몫이 되었다.

여기서 『사회주의, 생동하는 유토피아』로 돌아가보자. 1976년에도 사회주의는 '상식'과 싸워야 하는 처지였다. 2017년의 대한민국에서 사회주의는 적어도 공적 토론의 영역에서는 자취를 감췄다. 예를 들어, '빨갱이'로 몰릴 것이 두려운 개혁 성향의 정치인이 자기 아내의 비리를 즉결 처분하겠다는 넋 나간 전직 군인의 지지를 받아야 안심하는 세상이다.

나부터가 사회주의 운운하는 책과는 한동안 담을 쌓고 살았다. 이런 상황에서 바우만의 지적 여정에 대한 호기심이 아니라, 유토피아로서 사회주의를 성찰하는 이 책을 읽어야 할 이유가 있을까? 이 책을 덮고 다시 현실로 돌아온 시간 여행자로서 감히 말하자면, 일독할 이유가 충분하다. 왜냐하면, 바우만이 유토피아의 존재 이유를 묻기 시작하면서부터 가슴이 쿵쿵 뛰는 경험을 오랜만에 했기 때문이다. 오스카 와일드가 이렇게 말했단다. "유토피아가 표시되지 않은 지도는 쳐다볼 가치도 없다. 인간성이 늘 자리 잡고 있는 단 하나의 나라가 생략되어 있기 때문이다." 나를 포함한 우리는 그동안 자신의 인간성을 직시하고 해방을 꿈꾸는 것을 잊고 살았다.

"보이는 희망은 희망이 아니다. 눈에 보이는 것을 누가 희망하겠는가?"(로마서 8장 24절) 바우만은 2000년 전 사도 바울의 외침으로 책을 마무리한다. 2000년 전에도, 40년 전에도, 또 지금도 마찬가지다. 바우만은 2017년 1월 9일 세상을 떠났다. 누구보다도 힘들었을 영욕의 세월을 견디면서도 '눈에 보이지 않은' 유토피아에 대한 희망을 잃지 않았던 노학자를 추모한다.

학교 이탈자들만
성공하는 이유는?

⊙ 안광복(중동고 철학교사)

『지그문트 바우만, 소비사회와 교육을 말하다』
(나현영 옮김, 현암사, 2016)

2001년 9·11 테러가 일어났을 때, 미국의 부시 대통령은 시민들에게 이렇게 호소했다. "다시 쇼핑을 계속하십시오." 자본주의에서 쇼핑은 사회가 아무런 불안 없이 잘 작동하고 있음을 보여주는 상징과도 같다. 그뿐만이 아니다. 물건을 사고 소비하는 일은 내가 누구인지를 나타내고 확인받는 행위이기도 하다. 어떤 브랜드의 상품을 쓰는지에 따라 한 사람의 경제적인 형편, 사회적인 지위, 취향 등이 드러나곤 한다.

독창성과 상상력, 나아가 다르게 생각하는 용기

폴란드 출신의 사회학자 지그문트 바우만은 쇼핑에서 현대 문명의 본질을 짚어낸다. 그는 현대 자본주의를 '카지노 문화casino culture'라고 잘라 말한다. 모든 제품은 강렬하게 등장했다가 빨리 사라져야 한다. 그래야 또 다른 상품을 시장에 풀어놓을 수 있기 때문이다. 바우만은 우리 사회가 "상품과 서비스의 수명 단축을 통해 단명성, 휘발성, 불안정성을 생산하는 경제"로 향하고 있다며 한숨을 쉰다. 이것이 왜 문제일까?

지금의 젊은 세대는 텔레비전, 인터넷이 쏟아내는 정보의 홍수 속에서 자라났다. 하지만 그들은 과연 다양한 문화와 생각을 접하고 있을까? 인터넷 광고나 SNS는 나의 취향에 맞는 정보들, 나와 비슷한 사람들과 줄기차게 마주하게 한다. 사람들은 이제 보고 싶은 것만 보고 듣고 싶은 것만 듣는다. 이런 상황에서는 남다른 생각, 새로운 발상이 나오기 어렵다.

바우만에 따르면, 현대 문명은 "독창성과 상상력, 나아가 다르게 생각하는 용기"를 가진 사람을 원한다. 끊임없이 새로운 무언가를 세상에 내놓아야 경제가 굴러가는 까닭이다. 그러나 지금의 젊은이들이 과연 창의적인 생각을 하기 쉬울까? SNS가 발달한 지금은 나와 마음이 맞는 사람을 찾기가 어렵지 않다. 굳이 생각이 다른 사람과 힘들게 관계를 꾸려야 할 이유가 없다. 그러나 창의적인 발상은 나와 다른 무엇을 만나고 느낄 때 열리는 법이다.

바우만은 사회학자 리처드 세넷의 말을 들려준다. "서로 다른 기술 또는 흥미를 가진 사람들끼리의 접촉은 무질서할 때 풍성해지고, 규칙을 주려 할 때 빈약해진다." 나와 다른 생각을 있는 그대로 받아들이는 자세가 중요하다는 뜻이다. 바우만은 결혼 생활을 예로 든다. 결혼한 부부는 나무에 물을 주듯 꾸준히 관계를 가꾸어나간다. 숱한 갈등과 다툼은 서로를 알아가며 새로운 가정을 꾸리는 밑거름이 된다. 쉽게 헤어지는 이들은 이런 경험을 하기 어렵다. 깊은 관계는 서로를 못 견뎌 했던 순간들을 이겨내는 경험이 쌓이며 만들어진다.

인류는 어디에도 도망칠 곳이 없기에 연합해왔다

이 점은 정치에서도 마찬가지다. 바우만은 지금의 정치를 '벌 떼'에 견준다. 뜨거운 이슈는 SNS 등을 통해 금방 퍼진다. 사람들은 인터넷 공간에서 벌 떼 같이 몰려다니며 함께 흥분한다. 그러나 이런 공감이 조직적인 행동으로까지 이어지는 경우는 많지 않다. 이슈는 또다른 이슈에 밀려 이내 사라진다. 사람들은 그때마다 새로운 상황과 정보를 함께 '소비'할 뿐, 의미 있는 사회 변화를 이끌어내지 못한다. 이렇듯 지금의 세상은 덧없이 흘러가고 있을 뿐이다. 바우만은 이런 현실을 바꾸기 위해서는 남다른 노력이 필요하다고 말한다.

"지금까지 인류는 어디에도 도망칠 곳이 없기에 연합해왔다." 소설가 밀란 쿤데라의 말이다. 지구는 둥글다. 그리고 세계는 하나의 시장이 되었다. 좋건 싫건, 이제 우리는 서로에게서 도망칠 방법이 없다. 하지만 이런 조건이야말로 창조적인 발상이 싹트는 최고의 조건 아닐까? 비슷한 것끼리의 만남에서 새로운 무언가가 나오기는 어렵지 않던가.

물론, 사람들은 불편한 관계를 힘들어한다. 다른 취향과 감성을 가진 이들과 호흡을 맞추기란 결코 쉽지 않다. 그래서 사람들은 비슷한 부류끼리 어울리려 한다. 하지만 위대한 문명은 항상 여러 문화와 민족이 만나고 부딪히면서 하나가 되어가는 과정에서 싹텄다는 점을 잊어서는 안 된다.

앞으로의 세상은 "독창성과 상상력, 나아가 다르게 생각하는 용기"를 가진 사람들을 원한다. 비슷한 색깔의 사람들이 모인 모노타입 사회가 갈등이 적을 수는 있다. 그러나 남다른 도전과 창조적인 발상을 할 가능성도 그만큼 낮다. 이 점에서 세계화된 세상은 새로운 생각을 여는 기회를 준다. 바우만의 말을 직접 들어보자.

나는 40년 넘게 영국 리즈에 살면서 창밖으로 인근 중등학교에서 하교하는 아이들의 모습을 보았습니다. 혼자 걷는 아이들은 잘 없어요. 다들 친구들과 삼삼오오 어울려 걷기를 좋아하죠. 이런 습성은 바뀌지 않습니다. 하지만 창밖으로 보이는 풍경은 세월에 따라 바뀝니다. 40년 전에 거의 모든 아이들이 '같은 피부색'끼리 어울려 다녔다면 요즘 그런 모습은 좀처럼 보기 힘들죠.

이러한 변화는 한국 사회에서도 일어나고 있다. 다문화 가정이 점점 많아지고 있지 않던가. 하지만 이런 흐름을 마뜩잖게 보는 이들도 적지 않다. 낯선 사람들은 기회라기보다 위협으로 먼저 다가오는 탓이다. 이방인들을 경계하며 밀쳐내려 한다면 그들은 우리를 어떻게 대할까? 상처받은 그들은 우리에 대한 증오를 쌓아가며 복수심을 품을 것이다. 이런 사회에서는 갈등과 폭력이 끊이지 않는다.

바우만은 원래 도시 생활이란 "늘 이방인들에게 둘러싸인다는 것을 의미했다"고 충고한다. 산업화된 세상에서 낯선 것과의 만남은 익숙한 일상이기도 하다. 이 가운데 "서로를 이해하려는 노력이 창조성의 풍부한 원천이 된다." 이주민들 스스로 위협받지 않는다고 느낄 때, 그들 또한 우리 문화를 열린 가슴으로 받아들일 것이다. 진정한 이해와 통합은 이런 분위기 속에서 이루어진다.

영구 혁명 상태, 교육이 가야 할 길은?

그렇다면 교육은 어떤 역할을 해야 할까? 바우만은 현대 사회가 "영구 혁명 상태"에 놓여 있다고 평가한다. 변화가 무척 빠르다는 의미다. 새로움을 쫓는 문화는 신상품에 대한 갈망을 키워 사람들을 소비하고 낭비하게끔 부추긴다. 이 가운데 사람들은 삶과 사회에 무엇이 중요한지를 고민하기보다, 눈앞에 놓인 유혹에만 정신이 팔려 있다.

반면, 현대 사회에서는 "하나의 기회에서 또 다른 기회로 도약할 수 있는 사람, 불확실한 상황에서도 행동할 수 있는 사람, 한때 중요했지만 지금은 중요하지 않은 개념들을 망각할 수 있는 사람"만이 살아남을 수 있다. 학교는 과연 물질문명에 휘둘리지 않으면서도 변화를 바람직하게 이끌어가는 인재를 길러내고 있을까? 이 질문에 고개를 끄덕일 이들은 많지 않을 듯싶다.

바우만은 애플의 창시자 스티브 잡스, 트위터 창업자 잭 도시, 텀

블러 창시자 데이비드 카프 등 잘 나가는 사람들을 예로 든다. 그에 따르면, 우리 시대에 성공한 사람들은 "단 한 명의 예외 없이 전부 교육 이탈자들"이다. 학교생활에 적응 못 했기에 성공할 수 있었다는 의미다. 교육은 신분 상승의 기회로 여겨져왔다. 우리는 학교에서 열심히 공부하면 성공의 기회가 열린다고 믿었다. 그러나 '유동하는 현대'에서 학교 교육은 미래를 약속하지 않는다. 그렇다면 교육은 어떻게 바뀌어야 할까? 바우만은 우리에게 많은 생각거리들을 안긴다. 그의 혜안을 직접 들을 수 없게 된 현실이 안타까울 뿐이다.

타인에 대한 둔감함은
어디에서 오는가?

⊙ 천주희(『우리는 왜 공부할수록 가난해지는가』 저자)

『도덕적 불감증』
(레오니다스 돈스키스 대담, 최호영 옮김, 책읽는 수요일, 2015)

언젠가 한강을 건너는 버스에서 어지러움을 느꼈다. 식은땀이 흐르고 시야가 흐려질 때쯤 이대로는 안 되겠다 싶어 옆 사람에게 도움을 청했다. "제가 지금 쓰러질 것 같은데, 다음 버스 정류장에서 저와 같이 내려주시겠어요?" 두 사람에게 제안했지만, 모두 거절당했다. 버스에 있던 사람들은 핸드폰과 나를 번갈아 보며 멀찍이 바라만 보았다. 다음 정류장에서 나는 필사적으로 내렸고 구토를 했다. 퇴근 시간이라 사람이 많았고, 몇몇은 '젊은 사람이 벌써부터 취해서는… 쯧쯧'거리며 흘긴 눈으로 나를 지나쳤다. 그때쯤이었던 것 같다. '타인에 대한 둔감함'에 대해 생각한 것이.

나는 세월호, 백남기 농민의 죽음, 강남역 살인사건 등 일상 곳곳에서 폭력과 죽음이 연달아 터지는 폭풍을 보았다. 그 사이 버스에서의 경험은 꽤나 충격이었음에도 묻히는 듯했다. 공포와 불안, 폭력이 난무한 삶보다 생계가 더 중요한 탓인지, 내가 사는 세계가 내가 감각하고 인지하는 것보다 훨씬 더 큰 탓인지 알 길이 없었다. 그러던 와중에 접한 『도덕적 불감증』은 나를 다시 '타인에 대한 둔감함은 어디에서 오는가?'라는 질문 앞으로 끌어다 놓았다. 어느새 공포에 짓눌려 무기력해진 나를 채근하듯 말이다.

'우리가 손수 만든' DIY 악마

『도덕적 불감증』은 지그문트 바우만과 레오니다스 돈스키스의 대화집으로, 유동하는 현대 사회에서 파편화된 개인이 경험하고 생산하는 삶의 형태, 특히 악마가 되어가는 모습에 대해 다룬다. 그리고 이 책을 관통하는 주제인 도덕적 불감증은 새로운 악의 출현을 예고한다. 돈스키스에 따르면, '악'은 어떤 때에는 '인간의 고통에 대한 불감증'으로, 또 어떤 때에는 '사생활을 식민지화하려는 욕망'으로 표현된다.

3년도 지난 일이지만, 서두에서 꺼낸 나의 경험은 지금 생각해도 아찔하다. 정류장에서 고통을 호소하는 나와 군중 속에서 격리된 경험. 그런데 그보다 더 무서웠던 것은 누군가 나의 아픔을 핸드폰 카메라로 찍어 자신의 SNS에 올릴 것만 같은 공포감이었다. 마치 새로운 구경거리가 생긴 것처럼, 나의 아픔과 고통이 하나의 유희거리가 되어 공유될 것 같았다. 사람들은 쓰러진 사람을 보면 돕기보다 사진을 찍어 메신저로 친구들에게 알렸다. 주변에 도움을 청하는 대신 그 영상을 보관하고 공유했다. 여성, 임산부, 장애인, 세월호 유가족 등을 담은 영상은 온라인 공간을 유유히 떠돌았고, 전시되거나 혐오의 방식으로 오르내렸다.

도덕적 불감증은 내게 타인에 대한 혐오라는 방식으로 더 다가왔다. 특히 그것이 '여성'이라는 표식으로 도드라질 때 나는 언제든 불특정 다수의 표적이 될 수 있다는 두려움과 불안을 느껴야 했다. 사람들은 폭력을 목격하고도 페이스북이나 메신저 너머에서 소비자 이상으로 타인의 삶에 개입하기를 주저했다. 이런 상황에서 스크린 너머에 있는 목격자는 나도 언젠가 저 사람처럼 폭력에 노출될 수 있다는 불안을 내면화한다.

기술 발달로 인해 우리는 실시간으로 온라인 폭로전을 목격한다. 또한 폭로하는 사람과 폭로되는 사람 사이에는 '죄'/'벌' 혹은 '악'/'선'이라는 도덕적 관습이 작동한다. 그래서 폭로하는 사람은 자신의 폭로 행위가 타인에게 해를 가하는 것임에도 역설적으로 그것을 응징하는 영웅이 되고, 피해자는 침묵한다. 그리고 누구도 고통을 폭로하거나 소비하는 것이 잘못된 행동이라고 저지할 수 없게 된다. 바로 이 지점에서 도덕적 불감증은 때로 폭력을 묵인하는 방식으로, 공포를 증폭하는 방식으로 일상에 머문다.

폭로는 지그문트 바우만이 '고백사회confessional society'라고 부르는 것과 닿아 있다. 고백사회는 파놉티콘panopticon에 숨어 감시자가 다중을 감시하는 대신, 대중이 스스로 감시하며 단속한다. 이것은 나의 사생활을 드러내며 자랑하거나 소비하는 것뿐만 아니라, 타인의 사생활을 아무런 의심 없이 캡쳐해서 나의 무대에 전시하는 것과 같다. 바우만은 이러한 형태는 우리가 이미 받아서 전유하고, 소비하고, 내면화하고, 소화한 악마의 선물을 탐닉하는 것이라고 말한다. 일종의 DIY, '우리가 손수 만든 악마성'이다.

고백사회는 자신의 사생활에 대한 권리를 스스로 포기한 것과 동시에 타인의 사생활까지 (아무런 동의 없이) 나의 일상으로 끌어들여 공개적으로 소비한다. "소비자의 사회에서 우리는 모두 상품의 소비자인 동시에 소비를 위한 상품"이 되는 조건에 놓여 있기 때문이다. 자신이 올린 사진이 인스타그램이나 페이스북에서 '좋아요' 버튼을 많이 받으면 유명인사가 된 것만 같은 착각. 이를 바우만은 DIY 복종이라고 말한다. 그런데 이러한 공개적인 자기노출의 기저에는 오히려 자신이 존재하고 있다는 것을 알리는 자기존재 증명 같은 심리가 작동한다. 사적 영역의 소멸이 역으로 고백사회를 부추기는 것이다. 아무것도 아닌 나, 그리고 우리에게 '홀로 이름 없이 죽는다는 것'은 불안을 증폭시킨다. 존재의 소멸은 곧 정치적인 장에서, 사람들의 기억에서, 없던 일이 될 수도 있기 때문이다.

세간에 떠도는 '헬조선'이라는 말이나 '비정상의 정상화'를 강조하는 사회는 이런 차원에서 곱씹어볼 필요가 있다. '여기가 이미 지옥'이라고 외치는 헬조선 담론과 함께 번성하던 여성혐오, 세월호 이후 안전에 대한 시민들의 요구를 그저 '비정상'이라 묵살하며 '정상화'를 향해가던 전 정권. 이런 움직임은 타인의 고통에 반응하는 능력을 잃어버린 우리에게서, 또 타인을 거부하거나 외면하는 시선에서 자주 출현한다. 그뿐만 아니라 악은 일상에서 국가로, 사적영역에서 공적영역으로 이어지는 삶의 층위마다 민첩성을 발휘해 늘 또 다른 악으로 대체되는 처세술을 보여줬다. 때로 조작된 기억에 의해, 잊으라고 윽박지르는 사람들에 의해 말이다.

"그러나 우리는 우리의 기억을 포기할 수 없다."

2014년 세월호 사건도 그렇다. 여전히 광화문을, 팽목항을 떠나지 못하는 유가족과 시민들에게 "아직도 노란 리본이냐", "지겹다, 피곤하다"는 언설로 침묵하기를 강요했다. 바우만식으로 말하면 국가의 부재, 즉 행위 주체의 부재를 우리는 경험하는 셈이다. 행위 주체가 없는 곳에 남겨진 사람들 사이에서 우리가 마주한 세계는 아름답지 않았다. 애도와 공감 대신 오히려 자기 자식을 단속하고, 자기 방어 태세로 타인을 조롱했다.

2016년 강남역 살인 사건은 한쪽에서 어떤 미치광이의 도발로 몰아갔다. 하지만 여성들이 강남역에 붙인 포스트잇이나 행진, 여론 형성 등과 같은 정치적 움직임을 통해 죽은 이를 애도하고 공포로부터 단절을 시도한 사례라고 볼 수 있다. 최근 한국 사회에서 마주한 죽음들은 타인의 죽음이 단지 타인의 죽음에 그치는 것이 아니라, 나의 죽음으로 이어질 수 있다는 공포를 야기했다.

그러나 악의 형태는 과거처럼 강력하거나 절대적이지 않다. 오히려 약하고 무력해서 또 그런 곳에 침투한다. 만약 도덕적 불감증이 악의 한 형태라면, 우리는 '허약함의 가면'을 쓰고 출현한 악에 균열을 일으켜 틈을 비집고 무력화시킬 수 있다. 그리고 우리는 그런 변화를 주변에서 조금씩 경험하고 있다. 이때 우리에게 중요한 것은 균열로 가는 행보에서 취해야 할 태도다. 그건 바로 '윤리적 응시'다. 타인의 고통을 응시하고, 그것에 대해 응답하는 것은 기억과 연대라는 정치적인 행동을 통해 실현된다. 사람들이 "잊지 않겠습니다"라고 목소리를 내는 것. 이것은 바우만과 돈스키스가 "그러나 우리는 우리의 기억을 포기할 수 없다"는 말을 포기하지 않는 것과 유사하다.

책에 수록된 두 사람의 대화에서 지그문트 바우만의 태도는 흥미롭다. 낙관도 비관도 아니지만 희망을 포기하지 않는 것. "어쩌면 이어질지 모른다"와 같은 태도 말이다. 서로 다른 우리지만, "미래를 저당 잡히지 않은 채 현재를 즐기는 능력, 의무 없이 권리를 즐기는 능력"이 우리에게 있음을 상기하는 것은 중요하다.

함께함의, 어쩌면 너무 성급한 표현일지 모를, 연대의 숨 막힐 정도로 취하게 만드는 경험이다. 이미 일어나고 있는 이 변화의 의미는 더 이상 혼자가 아니라는 것이다. 그리고 이것을 달성하는 데 들어간 노력은 매우 적다. 그것은 기분 나쁜 단어 '솔리테라^{solitary}(혼자의)'의 't' 대신에 'd'를 누르는 것과 같다. 언제나 주문 가능한 연대^{solidarity}, 그리고 주문이 있는 한 계속 있는, 그리고 1분도 더 오래 있지 않는 연대. 이것은 특정한 대의를 공유하는 연대라기보다 어떤 대의를 가지고 있다는 연대이다. 나와 너 그리고 나머지 우리 모두는, 즉 광장에 모인 사람 모두는 어떤 목적을 가지고 있으며 삶은 어떤 의미를 가지고 있다.

2017년 3월 10일, 헌법재판소에서는 박근혜 대통령의 탄핵을 선고했다. 지난 몇 달 동안 광장으로 향한 사람들이 만들어낸 결과다. 그 사이 두 차례 계절이 바뀌었다. 처음부터 답이 있었던 건 아니다. 방향이 정해져 있지도 않았다. 그럼에도 우리는 거리에서 때로 광장에서 막연한 감정이 모여 비공식적이고, 이해 불가능한 것들이 무언가를 이루는 경험을 했다. 이어져 있음의 경험을 통해 어디론가 향해 흘러가고. 그 안에서 설핏설핏 삶의 의미를 발견하고 만들어간다. 광장의 승리로 모든 문제가 해결된 건 아니다. 여전히 거리에서 집으로 돌아가지 못한 사람들이 있다. 세월호 유가족들, 반올림 사람들, 대답 없는 사회에서 답을 찾아 거리로 나서는 사람들이 있다. 늦지 않았다. 't' 대신 'd'를 누르는 용기. 나와 당신, 우리의 삶은 언제나 의미를 지녔음을. 우리는 우리의 기억을 포기할 수 없다.

쓸모없는 사회학을
그래도 하는 사람들

⊙ 오찬호(작가, 사회학 연구자)

『사회학의 쓸모』
(미켈 H. 야콥슨·키스 테스터 대담, 노명우 옮김, 서해문집, 2015)

나는 여러 사람의 인생을 망쳤다. 내 강의를 듣고 '사회학'을 해보겠다며 대학원으로 진학한 이들이 지난 11년간 꽤 있었다. 그리고 이들은 "직업 사회학자 이외에 뚜렷한 직업 전망을 제시하기 힘든"(전상진·김무경, 「사회학의 위기에 대처하는 두 가지 방법: 공공사회학과 '전문적 사회학의 스트롱 프로그램'에 대한 체계이론적 비판을 중심으로」, 〈사회와 이론〉 vol 17, 2010) '쓸모없는' 학문인 사회학을 공부했다는 대가를 학교 밖에서 혹독히 치르는 중이다. 오늘날의 한국처럼 취업이 힘들고 그래서 온갖 자기검열이 난무하는 세상에서 사회학 전공은 그 자체로 죄다. 그래서 나는 그런 오해를 풀고자 '꿈과 희망이 가득한' 강의를 했는데 오히려 여러 명의 발목에 덫을 채운 꼴이 되어버렸다. 계획된 여정을 하나의 착오 없이 걸어와도 취업하기 힘든 세상에 '진로를 바꿔' 쓸모없는 학문의 대표주자인 사회학을 하게 하다니, 이름만 들어도 기업에서 싫어한다는 사회학을 한 사람의 삶에 끼워넣다니, 이건 교육자의 자세가 아니다.

사회학의 쓸모가 무용해진 시대

쓸모useuse없는 학문이 있겠는가. 세상의 모든 학문이 나름의 이론을 가지고 있고 어떤 식으로든 세상에 기여한다. 하지만 학문을 공부 '했다는 것'이 개인에게 반드시 이득이 되는 것은 아니기에 시대에 따라서 특정 학문은 "어휴, 그거 공부해서 어디에다 써 먹으려고?" 라는 질문을 들을 때도 있다. 이 물음에는 학문 그 자체에 무슨 문제가 있다는 것이 아니라 그거 '해서' 밥은 먹고살 수 있느냐는 안타까움이 묻어 있다. 인문, 사회계열의 수많은 학문이 이런 찬밥 신세를 면치 못하고 있다. 사회학 역시 마찬가지다. 사회학을 공부하면 누구나 "도대체 그걸 해서 어디에 쓰려고?"라는 주변의 물음에 답해야 하는 상황을 일상적으로 마주한다. 하지만 사회학을 향한 대중의 질문에 배인 냉소는 좀 더 짙다. '현실에서 일자리를 얻기 힘들다' 정도로 평가하는 수준을 넘어 비하와 조롱이 느껴진다. 이들은 사회학 자체를 쓸모없다고 여긴다. 그리고 현대 사회에는 '이들이' 점점 늘어나고 있다.

　제도권 사회학계는 이를 '사회학의 위기'라고 오래전부터 진단하고 부지런히 타개책을 고민했지만 추락한 학문의 신뢰는 좀처럼 회복되지 않고 있다. 상황이 이 지경에 이르니 학교 밖에서 힘들게 살아가는 프리랜서 사회학자들에게도 자문을 구한다. '사회학으로 먹고살려는' 내가 '2015년 후기 사회학 대회'에 그것도 무려 전체 세션에 초대되어, "제도권 밖에서 본 사회학"이란 제목으로 '사회학으로 잘 먹고사는' 교수 앞에서 발표한 건 이런 기구한 사회학의 현실 때문이었다.

내가 대중들을 상대로 하는 강연에서 만나는 사람들은 사회학 전공자라면 누구나 '이미 들었거나 했을 법한' 이야기를 던진다. "그런데 대안이 무엇이지요?" 현장에서 이 물음은 학교 내에서보다 훨씬 공격적이다. 한두 번은 '문제의 원인을 제대로 진단하는 것이 곧 대안이다!'와 같은 사회학의 (허세 가득한) 기백으로 빠져나갔지만 매번 그럴 순 없었다. 나는 사람들에게 '사회학적 설명의 한계'를 허심탄회하게 말해달라고 했다. 지역의 작은 도서관에서 초청한 강연의 뒤풀이였는데, 술잔이 몇 번 오가자 내 책을 읽었다는 독자가 한숨을 쉬며 말한다. "내가 '비판적 시민'이 되면 내 삶이 정말 나아지나요? 사회학이 말하는 대안들은 내가 직면한 불안한 상황의 크기와 비례하지 않은 것 같아요. 뭐, 유럽처럼 살기 좋은 곳에서는 의미심장한 소리인 줄 모르겠지만요. 어쨌든 '내일 다시' 그 지옥 같은 회사로 출근해야 하는 내게 사회학은 뭐랄까, 공허함 그 자체죠."

이들은 개인의 삶과 역사를 묶어주는 사회학적 상상력에서 내가 느꼈던 감동 따위를 전혀 받지 않았다. 제도권 밖에서 만나는 사람들은 내가 자본주의 사회의 비합리성을 '강하게' 비판할수록, 사회학이 이 거친 세상을 걸어가는 자신과 '함께 걸어가지 않는' 느낌을 받는다고 고백했다. 이들은 일부러 강연장까지 찾아와서 '내일부터 무엇을 하면 좋을지'를 묻고 있는데 나는 이상한 소리만을 늘어놓는 염세주의자였던 것이다. 사람들은 내일부터 '자신이 겪는 불평등이 실질적으로 줄어들기를' 희망한다. 평등한 사회를 만들어가는 것도 중요하지만 그보다 당장 '내'가 평등한 대우를 받길 원한다. 이들에게 사회학은 무슨 말을 해줄 수 있는가?

대안이 없어서만이 문제가 아니다. 사람들은 사회학적 분석에 별다른 매력을 느끼지 못한다. 사람들은 사회학자의 도움이 없어도 지금의 시대가 얼마나 잘못되었는지를 '스스로' 느낀다. '흙수저', '헬조선'이라는 단어의 등장은 '나쁜 짓 하지 않고 성실하게 살면 웬만큼은 살아간다'는 능력주의의 명제가 허구였음을, 어떤 이론적 개념의 도움 없이도 사람들이 인지하고 있음을 의미한다. 불평등이 임계점을 넘겨버리면 '사회구조의 모순'은 개인의 체험만으로도 이해된다. 취업을 위한 9종 세트의 마지막이 '성형수술'이다. 이게 얼마나 우스꽝스러운지는 사회학자의 시선을 빌리지 않고서도 누구나 느낄 수 있다. 이들은 자신이 금수저가 아님에도 어떻게 살아야 인생의 기획이 가능한지를 묻는다. 그래서 이들에게 이 사회가 문제투성이임을 말하는 것은 원래 알고 있던 내용을 환기하는 정도에 불과하다. 이제 사회학의 '아는 척'은 시효가 만료되었다. 사회학의 쓸모가 무용無用해진 시대다.

그래도 사회학을 하는 사람들에겐 이유가 있다

지그문트 바우만의 『사회학의 쓸모』는 사회학이라는 학문이 무엇인가를 알고 싶은 사람들의 호기심을 채워주는 책이 아니다. 이미 사회학을 잘 알고 있는 사회학자들끼리 마주 앉아서 "사회학이 무엇인가요?"와 같은 질문을 주고받을 리 있겠는가. 덴마크 올보르대학 사회학과의 미케 H. 야콥스 교수와 영국 헐대학 사회학과 교수 키스 테스터가 바우만과 네 차례 대담을 진행하면서 던진 66개의 질문은 사회학자로서 오늘날 사회학 '하기'의 딜레마에 관한 이야기들로 가득 차 있다.

심지어 "사회학자도 텔레비전을 봐야 할까요?"와 같은 재밌는 질문도 있다. 만약 이 책이 사회학을 널리 알리겠다는 책이라면 사회학이 미디어를 어떻게 비판해야 하는지를 말하지 않았겠는가. 하지만 그런 사회학자들은 '자료 수집을 위해' 텔레비전을 봐야만 하는 딜레마를 경험하는데, 이처럼 사회학을 '하고' 살아가면서 체험할 수 있는 고민들이 이 책의 주요 질문이다(참고로 바우만은 텔레비전을 보는 것을 의무라고 했다). 물론 사회학 하기의 가장 큰 딜레마는 세상의 냉소에 어떻게 대처해야 하느냐는 것이다. 바우만 역시 사회학의 현실을 명료하게 인정한다. "편안한 삶을 추구한다면, 사회학이 아닌 다른 곳을 살펴보십시오. '사회학 하기'는 부를 가져다줄 수 있는 방안이 아닙니다."

이처럼 돈이 될 리 없는 사회학을 '그럼에도' 하는 사람이 있다. 이들은 돈도 못 벌어 서러운데, "사회학? 그거 쓸모 있어?"라는 세상의 냉소까지 견뎌야 한다. 하지만 바우만은 여기에서 오히려 사회학의 쓸모를 발견한다.

사회학의 임무는 지속적이고 끝나지 않는 실로 양면을 지닌 대화이자, 인간의 경험을 통해 구성되고 또한 인간의 경험을 감싸고 있는 '상식'의 교환이라고 거듭 강조해왔습니다. 상식의 교환은 삶의 전문가인 평범한 사람들과 이루어져야 합니다.

사회학은 싫든 좋든 평범한 사람들의 경험과 대화해야 한다. 그래야만 하기에 사회학은 쓸모가 있다. 사회학은 자신을 향한 냉소에서 (다른 학문이 주로 이해하는 속 편한 방식인) 사람들의 무지를 탓하지 않고 (다른 학문이 주로 할 수 없는) 시대의 무게감을 읽어낼 수 있다. 결국 사회학자들은 연구실만이 아니라 발을 내딛는 모든 곳이 실험실이어야만 한다. 그리고 그저 하던 대로 살아야 한다. 평범한 사람들의 경험을 듣고 그들에게서 사회의 문제를 읽어 좋은 사회를 만들어나가면서 평범한 사람들을 유익하게 하는 "사회학을 하는 것은 그저 충만한 삶을 향한 길"일 뿐이다. 길일 '뿐'인데 좀처럼 벗어나기 힘든 가치 충만한 '쓸모 있는' 길이다. 그래서 이 와중에도 사회학을 하는 이들이 있는 것이다.

지그문트 바우만,
감시사회를 말하다

⊙ 김민섭(『대리사회』 저자)

『친애하는 빅브라더』
(데이비드 라이언 대담, 한길석 옮김, 오월의봄, 2014)

대학에서 연구하고 강의하는 동안 즐거웠다. 2008년 봄에 석사과정 신입생이 되어 2012년에 박사과정을 수료하기까지, 그리고 박사논문을 쓰는 2015년 겨울까지 약 8년 동안 대학에 있으면서 학과사무실과 연구소, 연구실과 강의실을 오갔다. 학과사무실과 연구소에서는 행정조교로 일했고 연구실에서는 논문을 썼으며 강의실에서는 강의를 했다. 조교, 대학원생, 시간강사, 선생님 등등 나를 수식하는 호칭들이 많았다. 나도 딱히 나 자신을 규정할 수는 없었지만, 그래도 나를 대학의 구성원으로 믿었다.

8년 동안 여러 선후배들이 대학을 떠났지만 '잘'되어서 떠난 사람은 별로 없었다. 결국 나도 떠났다. 욕을 하면서, 울분을 토하면서, 빈정대면서, 아니면 갑자기 어느 날 자리를 뺀다든지, 저마다의 방

96

식은 달랐지만 웃으면서 나간 사람은 없었다. 어느 선배는 후배들을 모두 근처 커피숍으로 불러 자신이 떠나는 이유를 설명했다. 내용보다는 그 감정이 아직도 그대로 느껴지는데 실망, 분노, 자괴감, 그런 것들이었다. 그것은 지도교수나 학과교수, 그리고 자신이 청춘을 바친 대학이라는 공간 그 자체를 향했다. 그런데 동료를 떠나보낸 우리는, 특히 나는 곧 일상으로 돌아갔다. 처음에는 그들을 "학문의 길을 버티지 못한 사람" 정도로 폄하하다가 "아무 문제가 없는 공간을 모욕한 사람"으로 비난했다. 조금 시간이 지나고는 아예 외면했다. 그들을 잊기로 한 것이다.

지배자의 언어에 포섭되는 피지배자

지그문트 바우만은 '감시사회'를 구성하는 평범한 개인들에 대해 말한다. '유동하는 현대'라는 개념을 도입해, 감시의 구조와 그것을 가능케 하는 "정보 처리 과정에 기초한 새로운 실천"을 분석하고 있지만 사실 이 책은 현대인들, 그러니까 나와 주변인들에 대한 것이다. 페이스북을 이용하는, 드론을 한번 구입해볼까 하고 고민하는, 매일같이 신용카드를 사용하고 GPS 기능이 있는 핸드폰을 이용하는 우리가 어떻게 감시자 역할을 충실히 수행하고 있는가에 대해 묻는다.

사실 감시라는 개념은 단순히 누군가를 살피는 데만 국한되지 않는다. 감시는 필연적으로 규율과 통제를 수반한다. 그것이 얼마나 세련된 방식으로 모두에게 가서 닿는가, 하는 것이 결국 '근대성'이다. 규율화된 사회일수록 그 규율이라는 것이 내재화되어 잘 보이지 않는다. 우리가 선진국이라 부르는 국가에서는 오히려 "쓰레기를 버리지 마시오", "무단 횡단을 하지 마시오"와 같은 감시의 언어들을 찾아보기 어렵다.

대학에서 나간 선후배들을 대하는 (나를 비롯한) 남은 사람들의 태도는 서로를 감시하는 평범한 우리의 모습 그대로였다. 사실 대학원생이나 시간강사들의 열악한 처우야 이미 해묵은 이야기다. 죽음으로 그것을 증명한 이들도 있었고 지금도 1인 시위를 이어가거나 노조 활동을 하는 이들이 있다. 그러나 대학이 오랜 시간 구축해온 그 공고한 구조에 대항하는 이들은 사실 한 줌밖에 안 된다. 무언가 잘못되었다고 느끼면서도 그에 무뎌지다 보면 어느새 그 구조를 지탱하는 성실한 수행인이 되고 만다. 내가 그랬고, 내 주변의 많은 이들도 그렇게 되었다.

지그문트 바우만은 "통치의 천재들은 피지배자들이 지배자의 업무를 하도록 원합니다. 슈퍼맥스 감옥의 수감자들은 앞다투어 복종하죠. 전체주의적 제도의 전체성이라는 개념은 뻔뻔스럽게도 피지배자들이 제 손으로 지배자들이 몹시 이루고 싶어 하는 일을 하고 있다고 선포합니다"라고 했다. 그는 이른바 '자발적 복종'이 일어나고 있으며 모든 것들이 강제에서 유혹으로, 규범적 규율에서 홍보로, 치안 유지에서 욕망의 자극으로 넘어가고 있다고 덧붙인다. 이것이 감시사회의 평범한 개인들을 규정하는 핵심이 된다. 실제로 피지배자들의 협조는 지배자의 업무를 하는 것을 넘어서서, 지배자를 위한 전쟁에 동원되는 것으로 나타난다.

예컨대, 중간 관리직의 업무를 하는 대학원생들은 자신의 역할에 의문을 품지만, 강의, 연구, 행정 등 여러 일에 빈번히 관여하면서 자연스럽게 대학이나 교수의 입장에 서게 된다. 특히 자신을 '연구자'나 '학자'로 규정하면서 "이 길은 원래 배고프고 힘들다"는 지배자의 통치 언어를 자신에게 가져다 붙인다. 노동의 대가를 제대로 받지 못하고 노동에 따른 기본적인 사회적 안전망조차 보장받지 못하면서도 지배자의 언어에 포섭되는 것이다. 그다음부터는 타인을 감시해나간다. 피지배자의 언어를 가지고 있는 이들은 포섭하거나 격리해야 할 대상이 된다. 이것은 대학뿐 아니라 우리 사회 그 어디에서든 그렇다.

내가 인터넷 커뮤니티에 〈나는 지방대 시간강사다〉라는 글을 썼을 때, 나를 먼저 찾아온 것은 보직교수나 교직원들이 아닌 동료들이었다. 그것은 너무나 당연한 것이어서 나는 서운하거나 서글프지 않았다. 내가 그들이어도 그렇게 했을 것이기 때문이다. 그들은 나에게 자신들을 모욕했다고 말했고, 글을 쓴 나를 비난했으며, 교수를 찾아가 사과하고 글이 더 이상 재생산되지 않게 수습하라고 말했다. 피지배자, 그러니까 을은 자신의 전쟁을 제대로 수행할 수 없다. 지배자, 갑과 싸우고자 해도 그 앞을 막아서는 것은 대개 또 다른 피지배자들이다. 감시사회의 개인들은 이처럼 타인을 위한 전쟁에 동원된다. 그렇게 '대리인생'을 살아가는 것이다.

개인에게 감시 권력을 부여한 소셜미디어

이 서평을 쓰는 동안 대한민국 현대사에 기록될 만한 일이 한 가지 일어났다. 헌법재판소에서 만장일치로 박근혜의 대통령직 파면을 선고한 것이다. 박근혜 씨는 이틀을 더 청와대에서 보내고서 자택으로 돌아갔다(여러 언론에서 '사저'라는 표현을 썼지만 관저가 없어진 이에게는 자택 정도가 어울리는 단어다). 그의 집 앞에서 기다리고 있던 것은 취재진과 경찰뿐 아니라, 태극기를 든 지지자들이었다. 광장을 광기의 장으로 만들었던 그들은 태극기를 들고 "대통령 박근혜"를 외쳤다. 그런 그들에게 박근혜는 대변인의 입을 빌려 "시간이 걸리겠지만 진실은 반드시 밝혀진다고 믿고 있습니다"라고 입장을 밝혔다. 헌법재판소의 판결에 불복하며, 자신의 지지자들에게 계속 싸워줄 것을 요구했다. 뻔뻔하게, 노골적으로, 자신을 위한 전쟁에 나서줄 것을 피지배자들에게 주문한 것이다. 딱히 세련된 방식은 아니지만, 특히 동원되는 이들이 "프라이버시와 자유와 권리를 소중히 여기는 자유주의적 근대시민"은 아닐지 모르지만, 감시사회의 개인들을 통치의 수단으로 사용한 명확한 사례다.

물론 탄핵을 가능케 한 것은 페이스북으로 대표되는 소셜미디어의 힘, 개인들에게 전에 없는 감시 권력이 부여되었기 때문이기도 하다. 사람들은 자신이 촛불을 들고 광장에 있었음을 페이스북에 경쟁하듯 알렸다. 지그문트 바우만 식으로 말하자면, 그것으로 자신의 '쓸모 있음'을 증명하고자 했다. 이것은 기업과 국가권력에 대항하는 감시 네트워크고, 책의 마지막 장에서 역설되었듯 '희망을 희망하다'의 한 징표일 것이다.

대학뿐 아니라 우리 사회는 그 자체로 '감시사회'다. 지그문트 바우만이 지적하듯 우리는 자기 스스로 감시하는 역할에 너무나 익숙해져서 (벤담이나 푸코적 개념 틀에 존재하는) '경비초소' 같은 것을 쓸모없는 것으로 만들어버렸다. 페이스북과 같은 소셜미디어는 휴대폰의 GPS와 연동해 내가 어디에 있는지 자동으로 추적하며 내가 무엇을 하고 있는지까지 고백하게 한다. 빅데이터를 수집할 수 있는 주체가 마음만 먹으면 한 개인이 언제 어디에서 무엇을 하고 있는지, 그 소비 패턴뿐 아니라 발자국이 닿은 모든 곳을 정밀하게 추적해 낼 수 있다. 이제는 '추정'이 아닌 '추적'하는 사회가 된 것이다.

지그문트 바우만은 희망을 이야기하기 위해서는 '좋은 질문'이 필요하다고 말한다. 우리가 당장의 안락을 위해 무비판적으로 수용하는 당연한 것들을 우선 의심해야 한다는 것이다. 그것은 담론이거나, 무엇보다도 우리 주변의 익숙한 모든 것들, 예컨대 페이스북, 휴대폰, 신용카드, 이메일, CCTV 등 모든 감시의 체계들이다. 요약하면, 우리를 둘러싼 도덕적 무감각에 대항하며 일상의 '프로불편러'가 되는 것, 그것이 지그문트 바우만이 말하는 유일한 희망이다.

타인의 고통이 '부수적 피해'가 되어버린 현대 사회

⊙ 정여울(작가)

『부수적 피해』
(정일준 옮김, 민음사, 2013)

한때 촛불집회에서 사람들의 함성을 들으며 주말을 보내는 것이 일상화되었던 적이 있었다. 그때 가슴에 불도장처럼 박힌 현수막 문구가 있다. "엄마가 말은 못 사줘도 좋은 나라는 물려줄게." 그 순간, 아이가 없는 나조차도 울컥했다. 수억짜리 말을 사주지 못해 스스로 '흙수저'라 비하하는 것이 아니라, 올바른 나라를 물려주기 위해 작은 촛불 하나를 켜는 마음. 우리 어른들이 아이들을 위해 해줄 수 있는 것이 바로 이것이 아닐까.

사회학자 지그문트 바우만의 『부수적 피해』를 읽으며, 거대한 촛불정국에서도 그야말로 꿋꿋이 자신들의 잇속만 챙기는 정치인들이 '과연 왜 그런 행동을 하는 것인가' 하는 물음에 대한 해답을 찾았다. 부수적 피해collateral damage는 원래 군사용어로 군사 활동시 불가피하게 따르는 민간인 피해를 이른다. 바우만은 이 군사용어를 현대 사회 전반으로 확장해 강자는 더 강해지고 약자는 더 약해지는 사회의 부조리를 파헤친다. 나는 이 책을 읽으며 우리에게 주말을 반납하고 촛불을 들게 한 바로 그 권력자들이 이 사태를 '부수적 피해'라고 생각한다는 것을 깨달았다. 허리케인 카트리나가 주로 가난한 흑인들에게 큰 피해를 끼쳤다는 것이 확인되자, 매사추세츠대학 영문학과 교수 마틴 에스파다는 "가난은 위험하다. 흑인인 것은 위험하다. 라티노인 것은 위험하다"고 말했다. 권력자들에게는 우리의 이 끔찍한 고통조차도 '부수적 피해'에 불과한 것이다. 최순실의 딸 정유라가 "돈도 실력이야, 억울하면 네 부모를 원망해!"라고 했을 때 학생들의 가슴이 찢어져 회복할 수 없는 트라우마가 되어도, 최순실 모녀 같은 사람들 때문에 이 땅의 젊은이들이 '우린 노력해도 소용없다'는 뼈아픈 자각에 괴로워해도, 그들에게는 이 모든 참혹한 고통이 '부수적 피해'에 불과한 것이다.

'부수적 피해'라는 용어에는 권력자의 시선이 깃들어 있다. 부수적 피해의 불가피성을 주장하는 사람들이 흔히 드는 비유는 '달걀을 깨뜨려야 오믈렛을 만들 수 있다'는 것이다. 부수적 피해를 입는 사람들은 '달걀 껍질'에 불과하고, 달걀을 깨뜨려서 오믈렛을 만들어 먹는 사람들은 '권력의 미식가'가 되어 그들 마음대로 국정을 농단한 것이다.

촛불집회를 마치고 시청역에서 지하철을 탔는데, 한 할아버지의 쓸쓸한 혼잣말을 들었다. "아이고, 박근혜 몰아내려다가 내 허리 작살나겄어." 허리가 많이 아프셨는지 고통스러운 표정을 지으셨지만, 말끝에는 올바르게 살아오신 노인의 꼿꼿한 자존감이 느껴졌다. '이렇게 힘든데도 촛불을 들고 나왔으니, 손자들에겐 덜 부끄러울 것 같아.' 마치 할아버지가 마음속으로 하시는 말씀이 들리는 듯했다. 촛불이 전국으로, 전 세계의 동포들에게까지 번지는 속도에 비해 세상이 바뀌는 속도는 너무도 느리다. 하지만 길고 길었던 촛불정국은 우리를 좀 더 당당하고, 용감한 시민으로 바꾸었고 결국 탄핵이라는 결과물을 만들어냈다.

'안전'이 최고의 판돈이 되는 사회

올여름 파리 샤를 드골 공항에서 겪은 일이다. 니스 테러의 여파로 공항의 보안이 매우 엄격했다. 출발 시간이 아직 많이 남아 있어 공항 로비 벤치에 앉아 책을 읽으려는데, 공항 직원이 잔뜩 화가 난 표정으로 고함을 질렀다. "다들 물러나요! 저쪽으로 가요!" 이유도 설명하지 않고 여러 번 반복해서 성난 고함을 지르니, 영문을 알 수 없었다. 나뿐만 아니라 수백 명의 승객이 깜짝 놀라 주섬주섬 짐을 챙기면서도 다들 표정이 좋지 않았다. 그때 영어로 안내방송이 흘러나왔다. 폭탄으로 의심되는 물질이 발견되어 수색 중이니 자리를 옮겨달라는 내용이었다. 일단은 '안전'이 최우선이니 공항 직원의 무례함과 난데없는 신경질까지도 어쩔 수 없이 묵인하는 분위기였다. 다행히 위험물질은 평범한 배낭으로 밝혀졌지만, 그날 공항에 있던 전 세계 여행자들이 느낀 불쾌감과 모욕감은 '파리에 대한 마지막 기억'으로 머릿속에 각인되었다. 차분히 상황을 알려주고, 정중하게 자리를 옮겨달라고 요청했다면 얼마나 좋았을까. '안전'이라는 명분 때문에 타인에 대한 존중과 배려라는 기본 가치는 철저히 짓밟히고 말았던 것이다.

이렇듯 너도나도 '안전'을 지상목표로 삼는 세상에서는 자유와 인권, 국민의 알 권리, 사생활 등 다양한 가치들이 묵살된다. 지그문트 바우만은 이런 안전에 대한 집단적 과민반응이 현대인의 삶의 질 자체를 위협하고 있음에 주목한다. 그는 『부수적 피해』에서 온갖 위험으로 가득 찬 세계에서 '안전'은 최고의 판돈이 되어버렸다고 지적한다. 위험에 대한 공포는 단지 테러나 자연재해만을 향한 것이 아니라, '언제든 내 삶이 지금보다 나빠질 수 있다'는 막연한 공포를 낳아 행복할 권리를 짓밟는다. 안전에 대한 과민반응이 더 깊은 불안을 유발한다. 또한 이러한 안전지상주의가 권력층의 보신주의나 속물주의와 연합하면, 그야말로 괴물 같은 비리와 각종 '게이트'가 쏟아지게 된다.

박근혜·최순실 게이트는 어느 한두 사람만의 잘못이 아니라 '자기 앞에서 벌어지는 불의를 묵과한 모든 사람'의 안전지상주의 때문에 더욱 일파만파로 커져버렸다. 청문회에서 모르쇠로 일관하던 증인들의 머릿속에는 '진실을 말해서 떠들썩한 역사의 증인이 되는 것보다는, 진실을 감춰서 보신에 힘쓰는 것이 안전하다'는 생각이 깔려 있을 것이다. 안전불감증보다 더 무서운 것은 '안전' 때문에 다른 소중한 가치를 압살하는 철면피적인 안전지상주의가 아닐까.

이 안전지상주의가 개인의 내면에 깊이 침투하면 '끝없이 자기 관리를 해야 한다'는 강박관념으로 번지게 된다. 사회가 개인의 안전을 보장하지 못하니, 스펙은 물론 분노나 스트레스까지 관리하고 조절해야 한다고 느끼는 것이다. 그런데 안전에 대한 공포는 기갈과 같아서 커다란 안전을 원할수록 더 깊은 불안을 느끼게 된다. 상품을 소비하다 못해 이제 자기 자신을 과소비해버리는 무한 자기관리의 프로젝트로 인해 우리는 스스로 더욱 불안하게 만들 뿐이다. 사회의 구조적인 문제 앞에서도 '혹시 내가 잘못한 것이 아닐까', '내가 부족한 것일까' 하고 자책하는 것이다.

지그문트 바우만은 나치 박해의 희생자였던 마르틴 니묄러의 사례를 소개한다. 처음에 나치는 공산주의자들을 체포하러 왔다. 니묄러는 공산주의자가 아니기에 가만히 있었다. 다음엔 노동조합원을 잡으러 왔다. 그는 노조와 연관이 없었으므로 침묵했다. 그다음에는 유대인, 그다음엔 가톨릭교도를 잡으러 왔지만, 가만히 있었다. 마침내 나치는 니묄러를 잡으러 왔지만, 그때는 다른 누군가를 옹호해줄 사람이 아무도 없었다.

눈앞에서 동료나 이웃이 잡혀갈 때, 눈앞에서 크고 작은 불의가 일어날 때, 우리가 침묵하고 자신의 안전만을 생각한다면 결국 위협받는 것은 자신의 안전이다. 우리에게는 가만히 있지 않을 권리, 더 나은 삶을 선택할 권리, 일시적인 안전과 보신보다는 더 많은 사람과 함께 누릴 수 있는 자유와 인권을 추구할 권리가 있다. 한 해를 돌아보는 저마다의 가슴속에 '내가 더 많이 노력했어야 하는데'라는 자책보다는 '나'를 넘어 '우리'가 함께 선택할 수 있는 더 나은 삶에 대한 따스한 희망이 싹틀 수 있기를 간절히 바란다.

본고는 〈중앙일보〉(2016. 12. 24)와 〈한겨레〉(2016. 12. 22)에 게재한 원고를 수정·보완하여 작성한 것이다.

불평등이라는 함정에 빠져버린 세계를 구하는 길

⊙ 장동석(출판평론가)

『왜 우리는 불평등을 감수하는가?』
(안규남 옮김, 동녘, 2013)

생존과 만족스러운 삶에 필요한 물건들이 갈수록 희소해지고 손에 넣기 어려워지면서 생활이 넉넉한 사람들과 버림받은 빈자들 간의 살벌한 경쟁의 대상, 아니 전쟁의 대상이 되고 있기 때문에 현재 심화되고 있는 불평등의 일차적 피해자는 민주주의의가 될 것이다.

지그문트 바우만이 『왜 우리는 불평등을 감수하는가?』에서 적시한 이 문장은, 더하지도 않고 덜하지도 않고, 오늘 한국 사회를 규정하는 촌철살인이다. 빈익빈 부익부라는 말로는 더 이상 설명할 수 없는 한국 사회의 극심한 양극화는 곧장 민주주의의 퇴보를 가져왔다. 소수를 제외하고 내남없이 먹고살기 힘든 세상이 되면서 민주주의는 강 건너 불구경처럼 장삼이사의 관심에서 멀어졌다. 더 이상 완화할 것도 없는 규제들을 마구 풀어주는 사이, 재벌들은 이득을 챙겼고 뒷감당은 힘없는 국민 몫이 되었다. 세월호 참사를 비롯해 전국에서 동시다발적으로 벌어지고 있는 사건 사고가 그 여실한 반증이라고 할 수 있다.

사회적 불평등은 거의 모든 사람에게 나쁘다

지그문트 바우만의 『왜 우리는 불평등을 감수하는가?』는 작은 책이지만, 함량만큼은 충실하다. 현대 사회의 고질적인 문제인 불평등에 대한 명쾌한 진단과 해법이 제법 단단하게 구성되어 있다. 불평등에 대한 바우만의 문제 제기는 단순하다. "전 세계가 필사적으로 경제 성장 근본주의를 밀고 나가고 있는데도, 빈곤은 좀처럼 사라지지 않고 지속된다"는 것이다.

생각이 있는 사람들이라면 "잠시 멈춰 서서 부의 재분배로 인한 부수적 피해자들 못지않게 직접적인 피해자들에 대해서도 생각"해야 하건만, 세상 사람 누구도 총대를 메려고 하지 않는다. 문제는 오늘날의 불평등이 "자체의 논리와 추진력에 의해 계속 심화"되고 있다는 점이다. "더군다나 부자들은 단지 부자이기 때문에 점점 더 부유해진다. 빈자들은 단지 가난하기 때문에 점점 더 가난해진다. (중략) 오늘날 사회적 불평등은 역사상 최초로 영구기관이 되어가고 있는 것 같다."

바우만의 지적처럼 불평등이 "역사상 최초로 영구기관"이 된다면, 사실상 한국 사회는 희망이 없다. 앞서 지적한 것처럼 민주주의가 다시 설 자리가 없기 때문이다. 20세기의 가장 급진적인 사상가 중 한 명인 이반 일리치는 『누가 나를 쓸모없게 만드는가』(느린걸음, 2014)에서 과도한 시장 의존이 만들어낸 현재 상황을 "가난한 부"라고 명명했다. 일리치는 가난한 부가 "함께 나눌 수 없을 만큼 희소한 부"이기 때문에 "한 사회의 가장 힘없는 사람에게서 자유와 해방을 빼앗"을 것이라고 일갈한다. 힘없는 사람에게서 자유와 해방을 빼앗는 일, 이것이야말로 민주주의 퇴보가 아니고 무엇이겠는가. 바우만과 일리치는 불평등이 민주주의의 퇴보를 가져온다고 입을 모아 경고한다.

이야기를 경제에만 집중해보자. 성장주의 경제학이 주장한 것처럼 성장 일변도의 경제정책은 약속한 것처럼 경제 발전을 가져왔는가. 한국뿐만 아니라 전 세계 어디서도 성장을 추구한 경제정책은 성공하지 못했다. 모래바람만 날리던 사막에 마천루가 올라가고, 전 세계 오지에 관광지가 들어섰지만 현지인들의 삶은 나아지지 않았다. 오히려 빈부 격차가 심해졌을 뿐이다. 고요했던, 나름의 방식으로 삶을 영위했던 동남아시아 오지 사람들이 구걸에 의지해 삶을 살아가고 있는 현실을 보라. 바우만은 『우리를 위한 경제학은 없다』(비즈니스북스, 2012)의 저자 스튜어트 랜슬리의 말을 빌려 "사회적 불평등의 냉혹한 현실은 사회 내의 모든 사람에게, 혹은 거의 모든 사람에게 나쁘다"라고 강조한다.

불평등, 인류의 처음이자 마지막 문제

지그문트 바우만의 주저는 『현대성과 홀로코스트』로, 그는 홀로코스트가 현대 사회에 던진 함의를 밝히기 위해 평생 천착했다. 그는 인간의 이성과 합리성이 최고조에 달한 20세기에 홀로코스트라는 역사상 유례없는 폭력이 자행된 것에 주목하면서 아우슈비츠가 "우리 사유의 원점이 되어야 한다"고 강조한다.

바우만이 보기에 오늘의 세계는 아우슈비츠 수감자들의 삶과 죽음을 지배했던 규칙들에서 크게 벗어나지 못하고 있다. 바우만이 『왜 우리는 불평등을 감수하는가?』, 『부수적 피해』, 『고독을 잃어버린 시간』, 『이것은 일기가 아니다』 등 여러 저서에서 불평등에 천착하는 이유가 바로 이 때문이다. 아우슈비츠 수감자들의 삶과 죽음을 지배했던 규칙들은 이제 '불평등'이라는 이름으로 우리 삶을 지배하고 있는 것이다. 다음은 『이것은 일기가 아니다』의 2010년 12월 25일 일기 '불평등의 새로운 모습에 관해' 중 한 대목이다.

> 이곳은 더 이상 기회의 땅이 아니라 수완 좋은 사람들을 위한 땅이라는 것. (중략) 수완 있는 사람들의 땅이 줄 것이라고는 오로지 더 많은 불평등뿐이다.

수완 있는 사람들이라고 점잖게 표현했지만, 그들은 실상 현대 사회 최상의 포식자일 뿐이다. 그들은 불평등한 세상이어야만 얻을 것이 많다. 수완 있는 사람들은 권력과 결탁 정도가 아니라 권력을 수하에 둘 정도로 충만한 능력을 가지고 있다. 바우만은 『왜 우리는 불평등을 감수하는가?』에서 수완 있는 사람들의 세상을 피라미드에 비유한다.

사회적 피라미드의 나머지 모든 부분은 거침없이 확대되고 있는데 (중략) 피라미드의 최상층부만은 해마다 더 좁아지고 있다는 사실을 기억해야 한다.

문제는 피라미드의 최상층부를 독식한 수완 있는 사람들은 불평등이 만들어낸 빈곤을 한사코 범죄와 연관시키려고 한다는 점이다. 단지 가난하다는 이유만으로 빈곤층을 예비 범죄자로 인식하는 경향이 세계 곳곳에서 나타나고 있다. 바우만은 『부수적 피해』에서 "사회 불평등의 가장 극단적이고 골치 아픈 앙금인 빈곤을 법과 질서의 문제로서 재분류"하는 현대 사회를 걱정한다. 이어지는 글은 다음과 같다.

대개 청소년 비행과 범죄를 다루는 데 활용되는 수단으로 채택하려는 한층 뚜렷한 경향이다. 빈곤과 만성 실업 또는 '일자리 없는 노동'은 평균 이상의 청소년 비행과 관련이 있다.

바우만은 "이윤 추구 중심의 조율되지 않고 통제되지 않은 지구화"가 "부수적 피해자"를 낳는다고 진단한다. 부수적 피해자들은

"불평등이라는 사다리의 밑바닥에 자리를 잡는 것"도 모자라 "중요
성도 없고 가치도 없다는 이중의 낙인이 영원히 찍힌" 채 사회적 냉
대를 온몸으로 받아낸다. 바우만은 불평등이 낳은 이와 같은 편견을
"현 세기에 인류가 직면하여 처리, 해결해야 할지도 모르는 많은 문
제 중 잠재적으로 가장 위험성이 큰 문제"라고 일갈한다. 불평등은
단지 경제적 난제가 아니다. 불평등의 일차적인 피해자인 민주주의
의 퇴행만으로 그치지도 않는다. 바우만에 따르면 불평등은 인간의
삶에 총체적으로 작용하는, 인류의 처음이자 마지막 문제인 것이다.

불평등을 이기는 힘, 신뢰·연대·호의적 협력

그렇다면 불평등을 극복하는 방법은 무엇일까. 『왜 우리는 불평등
을 감수하는가?』에서 지적한 것처럼 "'자연스러움'이라는 가면을
쓰지 않고도 스스로 영속화하는 방법들을 찾아내고 있는" 사회적
불평등을, "패배한 것이 아니라 오히려 승리한 것처럼" 보이는 사회
적 불평등을 극복하는 길은 요원한 것인가. 바우만은 불평등을 만들
어낸 원흉인 탐욕을 이해하는 것에서 시작해야 한다고 주장한다. 바
우만이 보기에 탐욕은 하등 쓸모가 없으며 "탐욕에는 유익한 점이
라고는 단 하나도 없다. 탐욕은 누구에게도 유익하지 않으며, 누구
의 탐욕이건 유익하지 않다"고 거침없이 일갈한다.

성장주의 경제학은 탐욕이 그 바탕이다. 『왜 우리는 불평등을 감
수하는가?』에서 바우만은 "자유시장 경제학을 정당화하는 기본적인
도덕적 주장 가운데 하나, 즉 개인의 이윤 추구가 동시에 공익을 위

한 최선의 메커니즘을 제공한다는 주장은 의혹에 싸였고 사실상 거짓으로 밝혀졌다"고 말한다. 탐욕으로 똘똘 뭉친 성장주의 경제학은 모든 개인의 삶을 향상시킬 의무가 없고, 더더욱 공익을 위한 최선의 메커니즘을 만들 필요도 없다. 경제성장이 가져오는 낙수효과가 있지 않느냐고 항변할지도 모르지만, 오늘 우리 현실을 들여다보라. 재벌기업의 성장이 중소기업을 함께 성장시켰는가. 혹은 구성원들의 삶을 윤택하게 했는가. 재벌의 성장은 오로지 재벌만을 위한다.

한 가지 짚고 넘어가자. 5년마다 한 번씩 대통령을 선출할 때, 국민들의 기준은 오로지 경제다. 연평균 7% 성장, 10년 뒤 1인당 소득 4만 달러, 세계 7대 강국 진입 등 제대로 된 생각을 가진 사람이라면 도저히 신뢰할 수 없는, 말 그대로 공약空約을 남발했는데도 이명박은 대통령으로 선택받았다. 도저히 실현 가능성이 없음에도 경제민주화라는 현란한 수식어를 앞세운 박근혜 역시 대통령이 되었다. 하지만 지난 몇 년의 시간은 '그들만을 위한 리그'였고, 재벌의 세상을 활짝 열어준 세월이었다.

불평등이라는 "함정에 빠져 버린 세계"를 구하는 방법은 단순하다. 신뢰를 회복하는 일이다. 오늘 우리 시대를 진단한 바우만의 주장에 진정한 해법이 담겨 있다.

함정에 빠져 버린 세계는 신뢰와 연대, 호의적 협력에 대체로 우호적이지 않다. 그러한 세계는 상호 의존과 충성, 상호부조, 사심 없는 협력, 우정 등을 평가절하하고 폄하하며, 그렇기 때문에 갈수록 차갑고

낯설고 매력 없는 곳이 된다. 우리는 마치 어떤 사람의 사유지를 방문한 환영받지 못하는 손님과도 같다.

신뢰와 연대, 호의적 협력을 회복한다면 불평등은 서서히 사라질 것이다. 지나친 낙관이라고? 그렇지 않다. 신뢰와 연대, 호의적 협력을 가능케 하는 한 개인의 자각이 세상을 구원할 것이기 때문이다. 바우만은 그 한 개인의 탄생을 기다리고 있다.

세계에 대한 책임을 자신에게 돌리는 것은 두말할 나위 없이 비합리적인 행위이다. 하지만 결정에 대한 책임과 그 결과에 대한 책임을 모두 감수하면서까지 세계에 대한 책임을 받아들이기로 결정하는 것이야말로 세계의 논리가 초래하는 맹목으로부터, 타자와 자신을 죽음으로 몰아넣는 결과로부터 세계의 논리를 구원할 마지막 기회다.

"우리는 파국을 맞이해야만 파국이 왔다는 것을 인식하고 받아들이게 될 것 같다"는 바우만의 탄식이 현실이 되지 않도록, 우리 모두가 신뢰와 연대, 호의적 협력을 가능케 하는 '책임'을 짊어질 때다.

본고는 『이따위 불평등』(북바이북, 2015)에 게재한 원고를 수정·보완하여 작성한 것이다.

유행의 속도는 LTE,
유행 좇는 내 인생은 버퍼링

⊙ 정철운(미디어오늘 기자)

『유행의 시대』
(윤태준 옮김, 오월의봄, 2013)

스마트폰을 처음 사용한 것은 2010년 2월이었다. 그리고 7년 동안 기종이 다섯 번 바뀌었다. iPhone3로 시작해 iPhone4S → iPhone5 → iPhone6, 그리고 지금은 iPhone7이다. 돌이켜보면 유행에 늦지도, 빠르지도 않게 충실히 남들 눈에 '어긋나지' 않는 수준의 기변이었다.

식사 후 커피숍에서의 잡담은 늘 스마트폰이나 블루투스 이어폰, 지갑이나 가방 따위에 대한 이야기로 흘러간다. 그러다 보면 아직도 2G폰을 쓰거나 기변에 둔감한 사람은 구석기시대의 인류처럼 경외의 대상이 되거나, 아니면 "빨리 최신 스마트폰으로 바꾸라"는 '여론의 압박'을 받기 마련이다.

돌이켜보면 LTE, 슬로우모션 촬영, 인물모드 촬영, 지문인식 같은 기능이 꼭 필요했던 것은 아니었다. 2G폰을 쓰던 시절에도 삶에 불편함을 느낀 적은 없었다. 더 오래 쓸 수도 있었지만 유행에 뒤처지지 않으려면 남들의 속도에 맞춰 바꿔야 했다. 그래야 사는 게 덜 피곤했다.

유행의 논리에 지배당하는 사회

유행은 스마트폰의 기변 속도만큼 획획 지나간다. 당장 1년 전 무엇이 유행이었는지도 기억하기 힘들다. 오늘날 유행은 공세적으로 삶에 파고든다. 사람들은 어젯밤 드라마·예능의 주요 장면부터 이번 주 박스오피스 1위와 인터넷쇼핑몰 트렌드까지 파악해야 한다. 20세기를 대표하는 사회학자 지그문트 바우만의 표현을 빌리면 우리는 '문화 레퍼토리'를 소비하며 살고 있다.

『구별짓기』(새물결, 2005)로 유명한 프랑스 사회학자 피에르 부르디외는 문화를 '계급 구분과 사회적 계층 구별을 위한 기술'로 정의한다. 이것은 타당한 분석이다. 반면 지그문트 바우만은 『유행의 시대』에서 "오늘날 문화는 규범적 통제가 아니라 미끼를 던지고 매료시킴으로써, 경찰의 감독이 아니라 PR로써, 의무가 아니라 새로운 욕구와 욕망을 생산하고 씨 뿌리고 싹 틔움으로서 유혹하고 매혹하느라 바쁘다"고 말한다. 여기서 우리는 문화의 역할이 욕망을 생산한다는 바우만의 지적에 주목해야 한다.

자본주의 경제구조가 지속되면서 우리가 사는 세상은 상품과 상품이 아닌 것으로 나뉘게 되었다. 20세기 경제학자 칼 폴라니가 지적한 가정경제, 상호성, 재분배와 같은 노동 분업 모델은 잊히고 모든 행위는 상품으로 거래될 수 있느냐가 관건이 되었다.

사회적 계급을 드러내는 장치였던 문화 역시 '문화 상품'이라는 유행의 또 다른 이름이 되어 빠르게 회전하고 있다. 바우만은 『유행의 시대』에서 "즉흥적이고 불합리한 선택은 이제 가장 분별 있고 올바른 것으로 추천되고 잡식성이야말로 문화적 엘리트주의의 원칙이 된다"고 강조한다. 쉽게 말해 패스트푸드처럼 우리는 줄을 서서 빠르게 문화 상품을 소비해야만 한다. 이때 중요한 것은 회전 속도다.

바우만은 "매입과 처분이 아주 짧은 간격으로 이루어지도록 기존 상품을 새롭고 더 좋은 상품으로 대체하는 방법으로 전혀 새로운 것을 끊임없이 공급해야만 한다"며 유행과 문화 상품의 이면을 짚어낸다. 이 모든 것은 사회적이다.

바우만에 따르면 오직 소비에서만 삶의 구원을 얻는 현대인들을 위해 자본주의 체제는 소비에 대한 공허함을 느낄 새가 없을 만큼 문화 상품이 빠르게 회전해야만 한다. 칼 폴라니의 『거대한 전환』(길, 2009)에서 '악마의 맷돌'로 등장하는 기계제 생산방식은 산업혁명 이후 우리의 문화 소비 패턴마저 상품화시켰다. 이 모든 것들은 사회적일 뿐만 아니라 비인간적이며, 대다수 삶의 행복을 파괴한다.

바우만의 지적은 21세기를 사는 지금도 유효하다. 우리는 최신 스마트폰을 구입하는 이 순간에도 다음 시리즈를 기다린다. 그는 "현대사회의 문화에는 계몽하거나 고상하게 할 민중이 존재하지 않는다. 오직 유혹할 고객이 있을 뿐이다. 유혹은 결말도 정해지지 않은 활동이다. 문화의 역할은 새로운 욕구를 창조하는 동시에 영원히 충족되지 않는 욕구들을 유지하는 것"이라고 지적한다. 이는 자본주의 사회라는 디스토피아의 실체를 정확히 꼬집은 분석이다.

18세기 말 산업혁명 이후 상품이 되어버린 오늘날의 유행은 산업혁명 이전과는 작동 방식부터 다르다. 바우만은 "소비시장이 문화를 유행의 논리로 지배하기 시작하면 우리는 카멜레온을 모범으로 정체성을 찾아야 한다"고 지적했다. 유행에 따라 능숙하게 문화적 정체성을 바꿔야 한다. 이것은 자본주의가 만들어낸 주술이며, 자발적 선택이라기보다 반강제적인 강요에 가깝다.

유행에 민감할수록, 빠르게 상품을 폐기하고 구입할수록 '시대에 뒤처지지 않는 사람'이라는 상징자본을 얻는다. 우리는 노동으로 획득한 임금을 통해 유행을 구입하며 경쟁력 있는 노동자, 혹은 바람직한 자본주의적 인간형이 되기를 바란다. 이 같은 욕망은 주입된 것이다.

유행을 따르며 얻는 것은 무엇인가

오늘날 문화 상품은 빠른 회전을 위해 쉽게 망가진다. 대게 2년 약정으로 구입하는 스마트폰은 약정이 끝나갈 때쯤 귀신같이 망가진다. 다른 상품들도 마찬가지다. 오늘날 자본주의사회는 상품이 쉽게 망가지도록 설정되었으며, 상품을 수리하는 행위는 매우 어렵고 복잡하게 만들어 놓았다. 한 번 만들면 수십 년을 버티던 장인의 작품은 이제 구하기 어렵다.

바우만은 "점점 더 빨리 구매하고 획득한 상품을 쓰레기 더미 속으로 던져 넣는 것이 경제의 주된 관심사이자 생존의 필수 요건"이라고 강조한다. 예컨대 우리가 카페에서 수다를 떨다가 옆 사람에게 최신 스마트폰의 스펙을 홍보하며 구매를 유도하는 건 바우만이 말하는 '생존'을 위한 행위다. 이처럼 유행에 따라갈 수 있는 조건은 자본의 유무다. 자본이 있을수록 유행에 앞서간다. 이렇게 보면 부르디외의 분석 또한 여전히 유효해 보인다.

유행을 상품으로 바꾸고 홍보하는 역할은 언론의 몫이다. 20세기 초 미국 홍보전문가 에드워드 버네이스가 쓴 『프로파간다』(공존, 2009)에 따르면 "여론은 어림짐작을 통해서가 아니라 그 일에 맞게 훈련받은 전문가를 통해 관리해야 하는 하나의 힘으로 부상했다"고 지적한다. 유행도 마찬가지다. 에드워드 버네이스는 "욕망을 조직하고 실현하려면 선전의 힘이 필요하다"고 강조한다.

2017년 초에 인기를 모았던 tvN 드라마 〈도깨비〉는 온갖 상품들의 선전으로 가득했다. 언론비평 전문지 〈미디어오늘〉이 〈도깨비〉 1~16화에 등장한 장면을 모두 세어 본 결과 270곳의 장면에서 간접광고(PPL)를 찾을 수 있었다. 커피, 침대, 양초, 가구, 음료, 치킨까지…. 어쩌면 미디어가 우리에게 주는 정보란 결국 상품 소개에 불과하며 미디어의 역할은 상품을 구매해야 한다는 욕망 주입이 전부일지도 모른다.

TV에서는 간접광고란 이름으로 드라마 주인공들이 최신 유행 상품을 만지작거리며 드라마인지 광고인지 모를 장면을 보여주고 신문은 기업의 광고와 협찬금을 받고 기사형 광고를 위해 지면을 내어준다. 페이스북과 유튜브에서는 스낵컬처 콘텐츠를 소비하기 위해 반드시 광고를 지나쳐야 한다. 스마트폰으로 시작하는 우리의 일상은 유행을 알리는 광고로 가득 차 있다.

유행을 좇는 사이 정작 인생은 '버퍼링'에 걸린다. 지그문트 바우만은 "지속적으로 포착하기 어려운 유행을 추구하는 삶의 유토피아는 삶에 어떠한 의미도 부여하지 않는다"고 말한다. 우리는 어떻게 사는 삶이 가치 있는 삶인지, 내가 행복하게 살고 있는지 되돌아볼 틈도 없이 또 다른 유행을 좇아가기 위해 붉게 충혈된 눈을 돌린다.

칼 폴라니는 『거대한 전환』에서 "노동의 목적은 오직 이익뿐인가"라고 묻는다. 질문을 바꿔보자. "우리 삶의 목적은 오직 소비뿐인가." 사회학자 바우만의 통찰은 우리 삶의 본질에 대해 묻고 있다. 유행의 시대를 살아가는 우리는 유행을 따라가며 무엇을 얻고 있는걸까. '배송 중'이라는 화면을 보며 즐거워하고 택배원이 누르는 초인종에 달려 나가는 우리는 무엇을 위해 살고 있는 것일까.

본고는 〈미디어오늘〉(2013. 12. 19)에 게재한 원고를 수정·보완하여 작성한 것이다.

개인화된 사회와 불확실성

⊙ 김찬호(사회학자)

『방황하는 개인들의 사회』
(홍지수 옮김, 봄아필, 2013)

지금 나는 / 달리고 싶을 때 달리는 게 아니다 / 남들이 달리니까 달려가고 있다 / 빨리 달려 행복해서가 아니라 / 오직 뒤처지지 않기 위해 빨리 달린다 / 빨리 달려 얻을 것은 삶이 아닌 죽음인데 / 죽음의 냄새가 나는 '살아남기'일 뿐인데(박노해, 「달려라 죽음」 중에서)

더 나은 미래를 향해서 일직선으로 전진하는 것은 근대 이후 보편적인 삶의 양식이 되었다. 효율을 극대화하기 위한 게임에 총력을 기울이는 사회에서 변화는 곧 진보다. 지난 몇 세기 동안 생산성은 폭발적으로 신장해왔고, 어느덧 4차 산업혁명의 물결이 밀려오면서 또 다른 세상이 펼쳐지는 중이다. 상상을 초월하는 기술혁신은 일상의 수많은 '불편'들을 빠르게 제거해주고 있다. 하지만 그에 비례해서 오히려 늘어나는 것이 있다. 바로 '불안'이다.

현대 사회에 상존하는 불확실성

불안은 근대인의 숙명이었다. 신분제와 토지의 속박에서 벗어나 각자의 삶을 추구할 수 있게 되었지만, 그에 따르는 막막함이나 위험을 감내해야 했다. 그러나 어느 시기까지는 자유가 주는 해방감이 그에 수반되는 불안보다 컸다. 미지의 세계로 모험을 감행하면 삶이 개선될 가능성이 컸기 때문이다. 하지만 이제 사정이 달라졌다. 근대의 위대한 발명품인 '개인'은 점점 왜소해진다. 날로 거대해지고 견고해지는 체제 속에서 언제 무기력하게 떨궈질지 모른다. 무엇이 이런 상황을 초래하였는가? 현대인을 사로잡고 있는 두려움은 어떤 맥락에서 생성되고 증폭되는가?

지그문트 바우만의 『방황하는 개인들의 사회』는 불확실성이 가중되는 우리의 삶과 그것을 빚어내는 사회적 기틀을 다각적으로 조망하고 있다. 저자가 3년 동안 수행한 강연과 에세이 18편을 묶은 책인데, '우리의 존재 방식', '우리의 사고 방식', '우리의 행동 방식'이라는 세 개의 장으로 구성했다. 그 전체를 아우르는 기본적인 문제의식은 그의 대표작 『액체근대』와 궤도를 같이한다. 무겁고 견고했던 근대에서 가볍고 유동적인 근대로 이행한 상황에서 드러나는 여러 현상과 그 조건을 분석하는 것이다.

이 책의 원제인 '개인화된 사회The Individualized Society'에 함축되어 있듯이, 이제 사회의 속성이 크게 달라졌다. 고전사회학이 내세웠던 사회의 개념으로는 잘 설명되지 않는다. 전체는 부분의 합 이상이라는 전제와 개개인을 넘어서면서 모두를 통합하는 이념이나 시스템으로서의 사회를 확인하기가 점점 어려워지고 있다. '개인화된 사회'란 개인들이 유기적으로 연결되지 못하고 파편화된 채 생존하고 연명하는 이미지를 담고 있다. 연대와 결사체로서의 사회는 해체 또는 소멸해간다고도 할 수 있다. 후기 근대의 인간 조건은 근대 초기와 전혀 다른 국면이 된 것이다.

바우만은 노동시장의 변화에서 그 단서를 찾는다. 근대의 막이 오른 직후에 등장한 노동자들은 전통적인 질서로부터 풀려났지만, 그렇다고 해서 완전히 허허벌판에 내던져진 것은 아니었다. 인력 동원이 경쟁력의 핵심이 된 상황에서, 산업은 '해방된' 노동을 미리 고안되고 설계된 새로운 질서로 흡수해간 것이다. 따라서 노동과 자본은 밀접하게 결합되어 있었는데, 고도 성장기에 거의 모든 근로자가 정규직이었다는 것이 단적인 증거다. 그 상황에서 실직자는 산업예비군으로 여겨졌고, 국가가 그 노동력의 '재생품화'를 위해서 복지 정책을 시행한다. 복지국가 프로젝트가 좌우를 넘어서 지지를 얻게 된 배경이다.

그런데 '가벼운 근대'로 넘어오면서 자본과 노동의 구도는 달라진다. 바우만은 '관계 해지disengagement'라는 개념을 끌어들이면서 이제 결혼에서 동거로 바뀌었다고 비유한다. 자본이 더 이상 노동자들을 아쉬워하지 않게 된 것이다. 세계화가 급속도로 진척되면서 자본은 지구 전체를 무대로 움직일 수 있게 되었다. 이윤을 극대화하기 위해서 언제든 새로운 공간으로 생산 기지를 옮기는데, 거기에서 노동력은 부차적인 고려 대상일 뿐이다. 노동자 대신 소비자가 자본과 상호의존성을 심화하고, 빈곤층은 소비자로서도 쓸모가 없다. 따라서 실직자를 보살피는 복지 시스템도 예전처럼 실용적인 의미를 지니지 못한다.

자본의 위력이 커지는 상황에서 국가의 위상은 어떻게 달라지는가. 자본의 이동을 제어할 수 있는 수단은 별로 없다. 자국의 영토 안에서 일어나는 일들을 장악하고 사회를 통합하는 전형적인 민족국가의 기능이 미약해진다. 자국의 통제력과 정치적 절차의 범위 바깥에 존재하는 힘들에게 그 기능을 양도하게 되어 결국 권력은 정치에서 서서히 이탈해간다. 실세를 발휘하는 자본은 언제든 예고 없이 신속하게 이동할 수 있고, 어떤 원칙에 따라 통치되는 영토를 벗어나 불규칙하게 출몰한다. 그것은 협상의 상대가 되기 어려운, '현대판 부재자 지주'들이다.

이제 불확실성은 상존한다. 질서는 무력함과 종속의 지표가 되고, 불안정성이 사회 통제의 바탕이 된다. 탈출과 회피, 홀가분함과 변덕스러움이 육중함과 압도적인 존재감을 대신해 지배력을 행사한다. 이런 세상을 주도하는 엘리트는 누구인가. 무질서에 머물 수 있는 자신감, 낯선 환경에서도 꽃 피우는 능력을 보유한 '유목민'들이다. 그에 비해 주어진 삶터에 묶여 있는 약자들은 '지금 여기'에 대해 장악력을 가지지 못한 채, 거대한 자본의 아량과 선처에 자신을 맡겨야 한다. 자신의 나약함과 유순함을 입증하지 않으면 일터가 사라져버린다. 정착은 역설적으로 더 높은 불안정성을 내포하는 셈이다.

뒤틀려버린 개인과 사회의 이음새

근대의 기획은 스스로 구축한 토대를 지속적으로 파괴하면서 사람들을 낯선 영토로 내몰았다. 바우만은 그 정황을 '높은 상공에서 비행기의 조종석이 비어 있다는 사실을 깨달은 승객들의 심정'이라고 묘사한다. 이 세상에는 견고하고 의지할 수 있는 것은 아무것도 없고, 자신의 삶의 여정을 엮어 넣을 수 있는 튼튼한 캔버스는 흔적도 없이 사라졌다고 말이다. 근대적 합리성이 고도로 발휘되면서 자연은 점점 예측 가능한 대상으로 명료해졌지만, 사회 그리고 그 안에서 영위되는 삶은 점점 모호하고 불가해한 무엇이 되어가는 듯하다.

이런 가운데서도 사람들은 어떻게든 정체성을 확보하고 싶어 한다. 삶의 활력을 주는 일체감과 연속성의 주관적 느낌 말이다. 하지만 모든 것이 삽시간에 변해버리는 사회에서 그것을 붙잡기는 점점 어려워진다. 가까스로 찾아냈는가 싶으면 그것을 체화하기도 전에 유행에 뒤쳐지기 일쑤다. 간편하게 정체성을 세우기 위해 은밀한 사생활을 공유하면서 공동체를 형성하거나, 이주노동자 등 외부인이나 사회적 소수자들을 배척하면서 집단주의로 응집하기도 한다. 결국 정체성을 추구하는 행위가 대립과 고립을 초래하는데, 이는 세계화의 부산물이자 동시에 윤활유라고 바우만은 지적한다.

그렇다면 무엇을 어떻게 할 것인가? 바우만의 다른 저술에서처럼 여기에서도 엄혹한 현실을 파헤치는 작업에 비해 실천적 대안은 구체적으로 제시하지 않는다. 다만 개인과 국가 양쪽으로부터 버림받아 급속하게 비어가는 공적 영역을 새롭게 건설하는 것이 시급하다고 역설한다. 그리고 개인의 생계를 변덕스러운 시장에서 독립하게 해 안정시키고, 기술 주도의 예측 불가능한 위험에서 보호해야 한다고 주장한다. 그래서 복지 정책에서 도구적 합리성과 구별되는 윤리적 책임을 구현하되, 이를 제도적으로 실행하는 과정에서 생겨나기 마련인 모호함을 공동으로 감당해야 한다.

결국 그것은 사회 그 자체의 창출이 아닐까 한다. 사회가 왜 중요한가. 인간의 유한하고 취약한 삶에 의미를 부여하면서 무한한 가치로 연결하는 문화가 그 토대에서 가능하기 때문이다. 그런 초월적 욕망이 만들어낸 자원과 전략을 차별적으로 배분하는 것이 사회 질서의 핵심이라고 바우만은 설파한다. 그 욕망을 제대로 관리하지 못하거나 충족시킬 자원이 공정하게 보급되지 않을 때, 돈과 권력과 명예에 대한 맹목적 집착과 그로 인한 사회적 균열은 불가피할 것이다.

반세기 이상 숨 가쁜 격동을 이어오고 있는 한국, 삶을 가까스로 지탱해주던 토대가 급속하게 해체되어 거대한 난민의 출현을 목격하고 있는 우리에게 바우만의 통찰은 중요한 렌즈가 될 수 있다. 파행적인 근대화의 음습한 이면을 뒤늦게 한꺼번에 직면하고 신자유주의의 파장과 신기술혁명의 충격까지 감당해야 하는 지금, 개인과 사회의 이음새가 어떻게 뒤틀려 있는지를 들여다볼 수 있도록 안내해준다. 우리가 체감하는 불안의 사회학적 지평을 더듬으면서 새로운 존재의 실마리를 탐색하는 밑그림이 여기에 있다.

유동하는 자본주의 시대의 인스턴트 사랑

⊙ 김응교(숙명여대 기초교양대학 교수)

『리퀴드 러브』
(조형준·권태우 옮김, 새물결, 2013)

독특한 책 읽기 체험을 했다. 틀이 잡혀 있는 글이라기보다는 짧은 아포리즘이나 에세이가 마구 흐르는 글이었다. 방금 '흘렀다'라는 표현을 썼는데 이 책의 제목에 쓰인 리퀴드^{liquid}, 곧 '흐르는' 액체를 더듬는 기분이다. 처음엔 그의 표현방식을 이해하기 어려웠다. 잠시라도 넋 놓으면 글의 흐름을 놓쳐버렸다. 그러나 시간이 지날수록 어떤 규칙이 눈에 들어왔고 글이 읽히기 시작했다. 그의 글은 학술적이라기보다 에세이 혹은 팡세^{Pensées} 느낌이 드는데 마치 니체가 사회학을 공부한 뒤 쓴 글 같다. 이런 성찰형 문체는 현실을 뛰어넘어 본질에 다가가는 시도가 아닐까.

자본주의와 인스턴트 사랑, 한 번뿐인 사랑

이 책 제목에서 러브^{Love}는 남녀 사이의 사랑을 넘어 모든 인간관계를 의미한다. 우리가 제목에서 주목해야 할 단어는 '리퀴드'라는 단어다. 바우만은 『유동하는 공포^{Liquid Fear}』, 『액체근대^{Liquid Modernity}』등 제목에 '리퀴드'가 들어간 책을 여러 권 썼다. 이른바 '액체근대' 시리즈라고 한다.

사회 자체가 '리퀴드' 상태다. 바우만의 이론과 저서의 핵심은 리퀴드, 곧 유동성이다. 현대 사회의 특성을 '흐르는^{liquid}' 것으로 파악한 그는 '액체근대^{Liquid Modernity}'라는 개념을 창안한다. 자본과 노동에 의해 견고하게^{solid} 매여 있던 세상은 사라졌다. 현대 사회는 흘러가기만 할 뿐 모든 것이 불안정하다. 사람들은 얽매여 있지 않으려하고, 끊임없이 흐르려 한다. 이 책은 유동성에서 출발한다.

어쨌든 단지 느슨하게만 묶일 필요가 있다. 여건이 바뀌면 바로 다시 풀어버릴 수 있도록. 유동적 현대에는 분명히 그렇게들 할 것이다. 몇 번이고 반복해서 말이다. 인간들 간의 유대의 이처럼 기묘한 취약함, 그러한 취약함이 야기하는 불안감, 그러한 불안감이 재촉하는 상충적인 욕구, 즉 유대를 긴밀하게 하려는 동시에 느슨하게 유지하려는 상충적인 욕구가 바로 이 책에서 풀어보고 기록하고 파악해보려는 것이다.

바우만은 이 책에서 4장으로 나누어 디지털 자본주의에서의 사랑을 분석한다. 1장 「사랑에 빠지기와 사랑에서 빠져나오기」에서 노학자는 사랑이 어떠한 방식으로 변화됐는지, 소비가 혈연관계를 어떻게 변화시키는지, 차가운 현실을 걱정 어린 눈빛으로 서술한다. 가령 인간의 사랑은 자본주의 시장의 상품처럼 변해버렸다고 한다.

> 만약 결함이 있거나 '충분히 만족스럽지' 않을 경우 설사 AS가 제공되지 않거나 약간의 환불 보장이 포함되어 있지 않더라도 다른 제품으로, 바라기로는 더 큰 만족을 줄 제품으로 교환될 것이다. (중략) 파트너 관계가 이러한 규칙의 예외가 되어야 할 무슨 이유라도 있는가.

새로 구입할 신형 휴대전화처럼 사랑할 파트너를 선택하고, 쓸모없어서 버릴 구형 휴대전화처럼 이제는 헤어질 파트너를 폐기물로 버리는 현실이다.

상품으로서의 자식 사랑

2장 「고아가 된 성적 동물」에서는 남녀의 섹스가 시장경제 아래 상업적 유희가 된 사회를 분석한다. 인상 깊었던 부분은 사랑 방식의 변화 그리고 출산에 대한 생각 변화다. 영원한 사랑을 잃은 대중은 일시적 사랑을 반복할 뿐이다. 결혼은 구속이며, 아이를 가지는 것은 경제성이 없는 투자일 뿐이다.

아이는 보통의 소비자에게 평생 구입하는 것 중 최고가 구입품 중의 하나이다. (중략) 아이를 갖는 것은 직업적 야심을 낮추거나 '직업을 포기해야 하는 것'을 의미할 수도 있는데, 직업 수행을 평가하는 사람들은 충성심이 조금이라도 분산되는 것을 불신의 눈길로 바라볼 것이기 때문이다. (중략) 산후 우울증이나 출산 후의 부부(또는 파트너) 관계의 위기는 거식증이나 폭식증, 무수한 변종 알레르기와 마찬가지로 특히 '유동적인 현대'에 고유한 질병처럼 보인다.

'결혼과 출산을 기피하는 풍조'는 리퀴드 현대에서는 너무도 당연한 '고유한 질병'이다. 바우만이 보기에 현대인들은 '관계relationship' 라는 용어 대신 '연결하기connection'라는 용어를 더 선호한다고 한다. '관계'가 현실적이고 직접적이라면, 연결은 가상적이고 간접적이다. SNS의 '연결'(혹은 접속)처럼 상대가 마음에 안 들면 끊어버리면 그만이다.

'접속되어 있는 것'이 '관계를 맺는 것'보다 비용이 적게 든다. 하지만 또한 유대를 형성하고 유지한다는 측면에서는 훨씬 덜 생산적이다.

가상적 인접성의 연결 혹은 접속이 '나'를 묶어 놓는 관계보다는 자유롭다. 성찰이 없는 단지 '인터넷 데이트' 접속으로서의 섹스, 가족관계나 섹스의 기억도 여차하면 클릭하여 삭제할 수 있는 사회다. 이 사회에서 장기간에 걸친 헌신은 드물고, 장기간 사귀는 일은 기대하기 어려워진다.

이웃 사랑은 가능한가

3장 「'네 이웃을 사랑하기'는 왜 그렇게 어려울까?」와 4장 「함께함/연대의 해체 : 인류의 운명인가?」에서는 타자와 이방인을 어떻게 대하고 있는지를 다룬다. 이 책은 시종 현대 인문학과 철학의 난제인 '타자'와 '차이'에 관해 날카롭게 분석한다.

> 현대국가는 '무국적자들stateless persons', 불법체류자들 그리고 살 가치가 없는 삶unsertes Leben이라는 이념과 동시에 등장했다. 이것은 '호모 사케르homo sacer, 즉 인간의 법과 신의 법의 한계 밖으로 내던져진 인간은 누구든 면제시키고 배제할 수 있으며, 어떤 법도 적용되지 않는다.

도시 안으로 들어오는 외부자에 대한 혐오감이 왜 형성됐는지, 어떻게 이웃을 사랑할 수 있는지에 대한 문제를 제기하고 대안을 고민하게 한다. 바우만은 이방인과 루저들을 '인간쓰레기'로 폐기 처분하는 현대 사회를 그대로 증언한다. 그러면서 인간쓰레기는 처리산업으로까지 발전한다고 말한다. 인간이 외국인이나 이민자와 같은 낯선 이들을 대할 때 혐오감을 느끼는 것은 이제 평범한 일상이 되었다. 브라질의 대도시 상파울루를 예로 들면 사생활 보호라는 이유로 담을 높이며 스스로 격리시키는 도시의 품격은 이미 세계에 일반화되었다. 오직 동질적 의식을 느끼는 공동체와 교류하는 이들에 대해 바우만이 보여주는 통찰은 너무도 익숙하다.

'사랑학'이라고 해야 할까. 지금까지 많은 현자들이 사랑에 관해 논해왔다. 플라톤의 『향연』은 고대 형이상학의 관점에서 사랑을 논했다. 에리히 프롬의 『사랑의 기술』은 나치즘이라는 폭력사회의 도래에서 자기애, 형제애, 모성애, 성애, 신앙을 구분하고 있다. 알랭 바디우의 『사랑예찬』(길, 2010)은 진리사건이라는 그의 철학적 시각에서, 또 예술, 정치 등의 시각에서 사랑을 논한다. 한병철의 『에로스의 종말』(문학과지성사, 2015)은 분열된 사회 속에서 진정한 사랑을 논한다. 사랑에 관한 이러한 분석을 바우만은 무시하지 않는다. 참고문헌을 보면 1장에서는 에리히 프롬을, 3장과 4장에서는 아감벤을 많이 참조한 것을 볼 수 있다.

『리퀴드 러브』에서 예로 든 내용들은 이미 우리가 알고 있는 것이다. 한 문장에 세계의 고뇌를 압축하는 특유의 아포리즘이 익숙한 문제를 잠시 낯설게 매혹시키지만, 문제해결을 위한 대안은 아쉽게도 평이하다.

> 자신을 사랑하듯 네 이웃을 사랑하라는 것은 상호 간의 독특성을 존중한다는 것을 의미할 것이다 ─ 우리가 다르다는 것이 우리가 함께 거주하는 세계를 윤택하게 하고, 그렇게 함으로써 훨씬 더 멋지고 유쾌한 장소로 만들어주며, 약속의 보고를 한층 더 풍요롭게 해주는 가치를 갖는 것이다.

"연대의 필요는 시장의 공격도 견뎌내고 살아남는 것과 같다"고

간혹 대안을 살짝 언급하지만, 알랭 바디우의 책들처럼 대안을 제시하지는 않는다. 굳이 이 책에서 바우만이 우리에게 주는 숙제가 있다면 첫째, 인간이란 존재에 대해 다시 성찰하게 하고 둘째, 타자의 차이(혹은 독특성)를 존중하는 마음이 주류가 될 수 있도록 공동체의 의식 변화가 필요하다는 언급 정도다. 책을 읽으며 바우만의 번득이는 문체에 밑줄을 긋기는 하지만, 결국 우리 현실을 다시 고민하게 할 뿐이다. 청년실업, 독거노인 문제, 비정규직 문제, 게다가 분단 문제까지 잠시도 쉬지 않고 흔들리며 유동하는 한국 사회에서의 대안은 오로지 살아 있는 우리의 몫이다.

소비의 시대,
빈곤을 어떻게 볼 것인가

⊙ 김경(베리타스알파 기자)

『새로운 빈곤』
(이수영 옮김, 천지인, 2010)

오늘날 한국은 물론이고 전 세계적으로 가장 커다란 사회문제는 아마도 빈곤일 것이다. 부익부 빈익빈 현상이 가속화되고 특히 단순히 경제력이 약해지는 차원이 아니라 일을 할 수 있는 능력과 의지를 갖추고도 일자리를 찾지 못하는 실업자나 제한된 일자리를 유지해야 하는 비정규직, 소득 수준과 관계없이 지나친 소비를 추구함으로 인해 빈곤에 시달리는 현대의 신빈곤층 문제는 갈수록 심각해지고 있다. 지그문트 바우만의『새로운 빈곤』은 사회학적인 시각에서 현대에 만들어진 새로운 빈곤층의 실상과 그것을 야기한 현대 사회의 실태를 파헤친다. 생산자의 사회가 소비자의 사회로 변화한 이후 등장한 소비주의에 대해 중요한 통찰을 제공하는 책이다.

생산의 시대에서 소비의 시대로

사람은 생산과 소비를 동시에 행하는 존재다. 계급에 따라 차이가 있긴 했어도 과거에는 생산이 곧 그 인간의 가치를 입증했다. 특히 근대 이후 생산, 즉 일은 부의 유일한 원천이자 인간의 존재 이유이기도 했다. 근대 사회는 사람들을 무엇보다 생산자 역할을 하도록 만들었다. 그러나 현대는 더 이상 생산의 시대가 아니다. 소비의 시대다. 무엇을 얼마만큼 생산하느냐보다 무엇을 어떻게 소비하는 것에 가치와 의미가 부여된다. 사람들은 소비자로서 기능해야 할 필요에 의해 지배받는다. 소비를 할 수 없는 사람들은 단지 생산 능력이 떨어지는 것이 아니라 사회적인 역할이 없는 자유경쟁의 패배자 취급을 받고 사회로부터 배제당하거나 인간의 존엄성을 박탈당하기도 한다. 생산자들은 자신들의 일을 집단적으로 할 수 있지만 소비자들은 그렇지 못하다. 소비는 개인적이고 독립적인 선택 행위다. 따라서 규범을 만들 필요도, 통제할 필요도 없다.

이처럼 생산의 시대가 소비의 시대로 전환된 이유에 대해 지그문트 바우만은 보다 넓은 시각에서 정밀한 분석을 통해 해답을 제시한다. 특히 그가 주목했던 것은 근대 영국의 공업화 시기에 등장했던 노동윤리다. 이 시기의 노동윤리는 한마디로 '일하지 않는 자 먹지도 말라'였다. 당시 언어적으로는 누구도 이의를 제기할 수 없던 이 슬로건은 한편으로 구조적인 문제를 개인의 문제로 돌리는 동시에 가난한 사람들에게 이제 선택조차 할 수 없는 '결함 있는 소비자'라는 새로운 역할을 부여했다. 노동윤리는 근대 이전까지 타고

난 운명이 있는 것으로 알고 순응하며 살아가던 빈곤층을 정규 공장 노동으로 유인하고, 빈곤을 뿌리 뽑고 사회 안정을 확립하는 이 모든 일을 한꺼번에 해결할 것으로 기대되었다. 그러나 실제로 노동 윤리는 사람들을 훈련시키고, 새로운 공장제도가 자리 잡는 데에 필요한 복종을 가르쳤다.

근대에서 현대로 넘어오면서 경제는 더 이상 대규모 노동력을 필요로 하지 않게 되었다. 인간은 이 시기에 이르러 "노동력과 비용을 줄이면서 이익뿐 아니라 생산물 규모를 증대시키는 방법"을 익히게 되었기 때문이다. 현대 사회에서는 소비자로서의 역할이 일차적이고 생산자로서의 역할은 그다음이다. 따라서 빈곤층은 산업예비군 혹은 실업자였던 과거와는 달리 결함 있는 소비자 혹은 비소비자로 다시 정의된다. 소비자들은 이제 노동윤리가 아니라 미적 관심, 즉 소비미학에 따라 움직인다. 노동시간을 줄이고 여가시간을 늘리는 것보다는 일과 놀이를 구분하는 경계가 없는 삶을 가장 이상적인 삶의 방식으로 간주한다. 연예인은 그런 점에서 현대인이 가장 동경하는 직업이다.

새로운 빈곤과 복지국가 그리고 세계화

지그문트 바우만은 새로운 시대의 가난한 사람을 '뉴푸어New Poor'라 지칭하고 복지국가와 세계화라는 보다 큰 틀에서 문제점을 짚어낸다. 복지국가의 성장과 몰락을 추적하고 그것이 앞서 말한 소비자 사회로의 이행 과정과 얼마나 연관이 있는지 살핀다. 구체적으로는 개인의 불행에 대한 집합적 책임을 지지했던 대중적 합의가 어떻게 등장했으며 또 어떻게 그에 대한 반대논리가 부상하고 있는지 그 과정과 이유를 추적한다.

근대는 복지 개념이 처음으로 등장하고 그 책임을 국가에 지운 시대였다. 국가가 운영하는 복지의 제공은 너무나도 당연한 것으로 인식되었고 민주주의, 정당정치, 노동조합 등 근대적 요소들과 더불어 현실에 확고히 자리 잡았다. 그러나 1980년대 이후 복지국가에 대한 합의가 급속히 무너지면서 복지수급은 줄어들거나 폐지되고 있다. 저자는 신자유주의에 그 직접적인 원인을 돌리는 대신 신자유주의가 그렇게 빠르게 세를 확장할 수 있었던 보다 근본적인 원인을 찾아야 한다고 말한다.

지그문트 바우만에 따르면 이는 생산의 시대가 소비의 시대로 전환되는 데 따른 또 하나의 변화다. 개인의 선택을 강조하는 소비사회는 장래 노동자 생산에 기여하고 노동예비군을 일시적으로 저장하는 역할을 했던 복지국가의 존재 기반을 약화시킨다. 빈곤층에 대한 복지는 게으른 사람을 눈감아주고 나쁜 사람을 길러내며 그들이 살 수 있도록 돕는 '유모 국가'로 전락한다는 비난을 피할 수 없다. 선택을 무엇보다도 중시하는 소비사회와 복지국가는 그 자체로 서로 양립할 수 없다는 것이다. 그 결과 오늘날, 가난한 사람들의 고통은 어지간해서는 공동의 대의로 수렴되지 않는다.

지그문트 바우만은 냉전이 끝남에 따라 소멸된 외부의 적을 대신해 내부에서 배제된 집단의 역할이 필요해졌다는 사실을 지적한다.

이는 비단 한 국가만의 문제에 머물지 않는다. 지그문트 바우만은 1998년에 출간 당시 없었던 「세계화 속의 노동과 잉여」라는 장을 2004년 개정판을 저술하면서 새로 추가했다. 빈곤이 단지 개인과 국가 차원의 문제에 머무를 수 없을뿐더러 갈수록 세계화가 급격히 진전되면서 뉴푸어를 둘러싼 빈곤 문제가 악화되고 있는 현실을 반영한 것이다.

빈곤층과 빈곤 해결에 미래는 있는가?

지그문트 바우만은 이러한 경제적, 사회적 변화 속에서 빈곤층이 사회적으로 생산되고 문화적으로 어떻게 정의되며 의미가 생산되는지 그 방식을 이야기한다. 1963년 군나르 뮈르달이 명명한 최하층 계급에 대한 탐구를 통해 최하층 계급이 빈곤의 광범위한 형태와 원인을 하나의 범주로 응축시키는 도구로 이용되고 있음을 밝힌다. 최하층 계급이라는 말은 하층 계급이라는 말과 달리 "재진입의 기회도, 욕구도 없다. 역할이 없는 이들은 다른 이들의 삶에 아무런 이바지도 못 하며 본질적으로 구제될 길이 없다"는 의미를 내포한다. 그리고 이들은 그 이유와 관계없이 선택의 문제로 간주되며 수많은 이질적인 요소에도 불구하고 공통적으로 가지고 있는 결점에 의해 하나로 묶인다. 그 결과 이들은 빈곤의 결과가 아니라 하나의 '사회문제'가 된다.

이제 빈곤은 범죄와 떼려야 뗄 수 없는 사이가 되어 있다. 저자는 책의 말미에서 이제까지의 논의를 바탕으로 '빈곤층에게 미래는 있는가?' '소비의 시대에 빈곤 문제를 해결하려면 어떻게 해야 할 것인가?'라는 커다란 질문을 던진다. 그리고 그에 대한 대답으로 "노동윤리를 장인의식의 윤리로 대체해야 한다"고 주장한다. 시장 중심의 가치평가와 거기에서 비롯되는 제약들로부터 노동을 해방하려면 노동시장 속에서 형성된 노동윤리로는 불가하다는 것이다. 지그문트 바우만은 "장인의식의 윤리는, 근대 자본주의 사회에서 형성되고 뿌리를 내린 노동윤리가 인정하지 않았던, 존엄성과 사회적으로 인정되는 것의 의미를 인간의 본성으로 되돌려 놓을 것"이라고 말한다. 여기에는 인간은 근본적으로 무언가를 만들어내는 데서 존재의 의미를 찾는 창조적 존재라는 사실과 더불어 집단적 빈곤에 대한 해답 또한 집단의 자발적 소박함에 근거한다는 믿음이 놓여있다. 『새로운 빈곤』이 단지 새로운 종류의 빈곤을 기술한 책이 아니라 빈곤에 대한 새로운 발상과 접근을 가능케 한 책으로 평가받는 이유가 여기에 있다.

본고는 〈베리타스알파〉(2014. 10. 30)에 게재한 원고를 수정·보완하여 작성한 것이다.

이성이 잠들면 괴물이 눈뜬다

⊙ 김종일(작가)

『유동하는 공포』
(함규진 옮김, 산책자, 2009)

"메르스가요, 미라가 돼서… 절 잡아먹으려고… 막 쫓아왔어요."

2015년 6월 2일 새벽, 제 방에서 자다 말고 나와 안방으로 들어온 작은딸이 아내의 품을 파고들며 그렇게 말했다. 겁에 질린 목소리였다. 결국 딸은 우리 부부 사이에 누워 한참을 뒤척인 뒤에야 겨우 다시 잠들었다. 공포는 그렇게 여덟 살배기 딸아이의 마음에도 똬리를 틀었다. 아이의 등을 다독이며 메르스라는 괴물이 내 가족에게까지 흉물스러운 그림자를 드리웠음을 비로소 실감했다. 부지불식간에 깊숙이….

"메르스가… 절 잡아먹으려고…"

바로 그 전날 저녁, 작은 처제가 아내에게 전화를 걸어왔다. 아내의 전화기 너머로 들려온 처제의 첫마디는 "언니, 괜찮아?"였다. 처제는 메르스 최초 확진자가 거쳐 가서 휴원하게 된 병원이 자신의 집 근처이며, 조카들이 다니는 어린이집도 휴원하게 되어 당분간 시골에 내려가 있을 예정이라고 했다. 처제는 불안하고 무서워 못 살겠다는 말을 몇 번이나 되풀이했다.

부랴부랴 인터넷을 뒤져서 찾은 정보를 조합해본 뒤에야 최초 감염자가 충남 아산과 경기 평택 등지의 병원을 전전했다는 사실을 알게 되었다. 아산과 평택은 노부모의 시골집에서 차로 불과 10분 밖에 떨어져 있지 않은 지척이었다. 그런데도 나는 그런 정보를 전혀 몰랐다. 등줄기에서 식은땀이 배어 나오고 눈앞이 아찔했다. 시골집의 지척에서 그런 사달이 났다는 사실보다 상황이 그 지경에 이르도록 아무것도 몰랐다는 사실이 더 섬뜩했다.

시골집에 전화를 걸어 여쭈니, 노부모 역시 메르스와 관련된 인근 지역의 정보를 전혀 모르고 계셨다. 병원 방문은 물론, 외출도 되도록 삼가시라고 신신당부했지만 기분은 못내 찝찝했다. 전화를 끊기가 무섭게 TV에서 메르스 의심 환자 중 첫 사망자가 나왔다는 속보가 흘러나왔다.

불안했다. 당장 이틀 뒤면 초등학교 4학년인 큰딸이 2박 3일 일정으로 학교 수련활동을 떠날 계제였다. 한편으로는 부아가 치밀었다. 보건 당국은 이 심각한 상황에 대체 왜 메르스 환자와 관련된 병원과 지역 정보를 쉬쉬하고 있단 말인가.

"인류의 가장 오래되고 가장 강력한 감정은 공포다. 그리고 가장 오래되고 가장 강력한 공포는 미지의 것에 대한 공포다." 소설가 H. P. 러브크래프트는 공포를 이렇게 정의했다. 사회학자 지그문트 바우만은 저서 『유동하는 공포』에서 그보다 한발 더 나아가 공포를 규정한다.

> 공포가 가장 무서울 때는 그것이 불분명할 때, 위치가 불확정할 때, 형태가 불확실할 때, 포착이 불가능할 때, 이리저리 유동하며, 종적도 원인도 불가해할 때다. (중략) 공포란 곧 불확실하다는 것이다. 위협의 정체를 모른다는 것, 그래서 그것에 대처할 방법이 없다는 것이다.

공포소설을 쓸 때 가장 효과적인 기술 중 하나가 바로 서스펜스 유발이다. 앞으로 무슨 일이 일어날지 모르는 데에서 오는 불안감과 긴박감을 뜻하는 서스펜스는 독자를 소설로 끌어들이고 책장을 놓지 못하게 하는 힘이 된다. 그러나 소설이라는 허구적 울타리 안에서나 뛰놀아야 할 서스펜스가 현실에서 펼쳐지는 순간부터 놈은 일상을 위협하는 괴물이 된다.

부지불식, 그 강력한 공포

확진 환자와 격리 대상자가 기하급수적으로 불어나는 마당에 관계 당국이 결정적인 정보를 가로막고 안이하기 짝이 없는 대처로 일을 키우면서, 먼 나라의 호흡기증후군에 불과했던 메르스는 이 땅에서 '유동하는 공포'로 탈바꿈했고 누구도 예상치 못한 서스펜스로 거듭났다.

괴담은 불안과 공포, 불신이 팽배할 때 곧잘 생겨난다. 메르스 창궐 당시, 관계 당국이 정확한 정보를 알리지 않고 쉬쉬하니 검증되지 않은 정보가 소셜네트워크서비스^SNS로 퍼질 수밖에 없고, 제대로 대처하지도 않으면서 믿고 따르라 하니 불신할 수밖에 없었다. 그 와중에도 메르스 관련 유언비어나 괴담 유포자는 엄중히 처벌하겠다며 으름장 놓는 당국의 행태는 고야의 연작판화집 『변덕^Los caprichos』에 실린 제43번 에칭 〈이성이 잠들면 괴물이 눈뜬다〉가 절로 떠오를 지경으로 가관이었다. 괴물을 눈뜨게 한 장본인은 누구인가.

난 그저 내가 두려워하는 것에 대해 쓴다. 내가 어렸을 때 내 어머니께서 말씀하시곤 했다. '네가 상상할 수 있는 최악의 것을 생각해봐. 그리고 그걸 소리 내어 말하면 그건 실현되지 않을 거야.' 그것이 내 경력의 토대가 되었다.

공포의 제왕으로 통하는 작가 스티븐 킹은 2011년 〈월스트리트 저널〉과의 인터뷰에서 공포소설을 쓰게 된 동기를 위와 같이 말했다. 나의 동기 역시 그와 비슷했다. 하지만 이제 그 동기가 무색해졌다. 상상으로나 가능했던 최악의 상황과 사건들이 내가 미처 소설로 쓰기도 전에 현실로 쏟아져 나왔으니까.

공포물이라면 진저리를 치며 거들떠보지도 않으려 하는 이들 틈바구니에서 공포소설을 쓰며 사는 동안 수차례 고비를 겪었다. 개중에 굵직한 고비는 세 번이었다. 첫 고비는 이라크 무장단체에 의한 김선일 피살 사건을 목격했던 2004년이었고, 두 번째는 세월호 참사를 지켜본 2014년이었다. 세 번째 고비는 2015년의 메르스 사태와 2016년 나라를 발칵 뒤집은 국정농단 사태였다. 왜 그토록 많은 이들이 공포소설이라는 장르를 질색하고 외면했는지 이제야 비로소 알 법도 했다. 단단한 안전장치가 내 몸을 든든히 받쳐주어 불안감이 해소되었을 때에야 위험한 놀이기구도 오롯이 즐길 줄 알게 마련이다. 그러나 그 어떤 공포소설보다 더 무섭고 불안한 하루하루를 살아내야 하는 이 땅의 많은 이들에게 현실보다 훨씬 덜 무서운 한낱 공포소설 따위가 과연 무슨 효용가치가 있을까.

"저런 소설 너무 싫어요. 행여 우리 아이가 읽을까 겁나는 책이네요. 내 아이한테는 조곤조곤 예쁜 얘기만 들려주고 좋은 것만 보여주고 밝은 데로만 다니게 하고 싶거든요." 2005년 나의 데뷔작 『몸』 출간 당시, 소설을 읽은 한 기자가 블로그에 쓴 서평에 어느 네티즌은 그렇게 댓글을 달았다. 그 마음 십분 이해한다. 나 또한 두 아이의 아빠고, 내 아이들이 세상 누구보다 행복하기를 바라며, 아이들에게 살기 좋은 세상을 물려주고 싶은 마음이 간절하다. 하지만 현실은 그리 녹록지 않다.

공포소설 못 읽겠는 공포스러운 현실

2014년 4월, 수백 명이 탄 세월호가 전남 진도 앞바다에서 침몰했다. 그때 세월호 상황실은 '현재 위치에서 절대 이동하지 마시고 안전봉을 잡고 대기해주시기 바랍니다'라는 안내방송만 앵무새처럼 연발했다. 아이들은 무섭다고, 살고 싶다고 외치면서도 고분고분 안내에 따랐다. 그사이 선장은 누구보다 먼저 배를 버리고 달아났고 해경은 골든타임을 놓쳐버렸다. 컨트롤타워는 아예 없었고 구조작업에 투입된 언딘은 단 한 명도 구조하지 못했다. 결국 300명이 넘는 승객이 뒤집힌 배와 함께 차디찬 4월의 바닷물 속으로 가라앉았다.

2015년 메르스 사태와 2016년 국정농단 사태는 2014년의 세월호 참사와 맞닿은 공포의 알레고리다. 2년이라는 시간이 흐르는 동안에도 재난과 불의와 부조리로 가득한 이 나라의 모습은 한 치도 달라지지 않았다.

이문열의 소설을 스크린으로 옮긴 영화 〈우리들의 일그러진 영웅〉에서 어른이 되어 담임선생의 부고를 듣고 문상 갔던 한병태는 새벽녘에 상가喪家를 나서며 5학년 2반 급장이었던 엄석대를 떠올린다.

내가 사는 오늘도 여전히 그때의 5학년 2반 같고, 그렇다면 그는 어디선가 또 다른 급장의 모습으로 5학년 2반을 주무르고 있을 게다. 오늘 그를 만나지 못했지만 앞으로도 그의 그늘 속에서 벗어날 수 있을지 솔직히 확신할 수 없다.

지그문트 바우만은 『유동하는 공포』에서 국가의 역할을 강조한다.

국가는 국민의 안전을 보장하는 것을 존재 이유로 하며, 그 때문에 국민의 복종을 요구할 수 있다. 하지만 더 이상 보장이 불가능할 때, 또는 보장을 확언할 수 없을 때, 국가는 사회 안보 대신 개인 안보로, '공포에 대한 보호'의 초점을 옮겨야 한다.

그러나 일련의 사태를 거치는 동안 관계 당국은 여전히 개인 안보나 '공포에 대한 보호' 따위는 안중에도 없고, 권력 보호와 변명, 위증에만 급급한 행태를 보였다. 상황은 악화 일로로 치닫고 외신은 연일 비난 여론을 쏟아냈지만 당국은 메르스 사태가 종식될 때까지도 구태의연하기 짝이 없는 대처로 원성을 샀다.

메르스로 인한 두 번째 사망자가 나온 직후인 6월 2일 오전, 큰딸의 학교와 해당 교육청에 문의를 해보았다. 혹시 메르스 사태로 수련활동을 연기할 계획은 없는지 물었더니, 학교는 연기 계획이 없다고 했다. 교육청도 수련활동은 학교장 재량이라 가타부타 관여할 수가 없다고 했다. 2일 오후가 되어서야 수련활동 참여를 원치 않는 학부모는 담임에게 연락하라는 문자가 날아왔다. 결국 상의 끝에 큰딸을 학교 수련활동에 보내지 않기로 결정하고 담임에게 문자를 보냈다. "혹시 모르잖아. 세월호 사고 이후로 내 새끼는 내가 지켜야 한다는 걸 깨달았어." 아내의 말에 백번 공감하면서도 한편으로는 마냥 서글펐다.

바로 보아야 끝나는 공포
『유동하는 공포』의 말미에서 지그문트 바우만은 비교적 단순 명쾌한 치료법을 제시한다.

다가오는 공포, 우리의 힘을 송두리째 앗아가는 공포에 대한 유일한
치료법, 그 시작은 그것을 바로 보는 것이다. 그 뿌리를 캐고 들어가
는 것이다. 그것이야말로 그 뿌리를 찾아 들어가 잘라버릴 수 있는
유일한 기회를 제공하기 때문이다.

수련활동을 불과 하루 앞둔 2일 저녁에야 큰딸아이의 학교에서
문자메시지 한 통이 날아왔다. "인근 학교 메르스 의심 환자 발생으
로 본교 수련활동은 잠정 연기합니다." 거리에 마스크를 쓴 학생들
이 부쩍 늘어난 시점이 바로 그즈음이었다.

2016년 10월 29일부터 사람들이 촛불을 들고 광화문 광장에 모
이기 시작했다. 뒤늦게나마 가족과 찾아간 광화문 광장에는 세월호
희생자의 분향소도, 유가족도 있었다. 한목소리로 대통령 탄핵을 외
치는 군중의 손에는 하나같이 어둠을 밝히는 촛불이 들려 있었다.
그렇게 사람들은 공포를 바로 보며 뿌리를 캐고 들어가기 시작했다.

본고는 〈한겨레21〉(2015. 6. 8)에 게재한 원고를 수정·보완하여 작성한 것이다.

쓰레기가 되어버린 현대의 삶

⊙ 장석주(시인)

『쓰레기가 되는 삶들』
(정일준 옮김, 새물결, 2008)

자연재해 앞에서 인간은 한없이 작고 나약해진다. 자연재해는 인간이 애써 감추고자 하는 것들, 방어막에 가려진 것들, 드러내고 싶지 않던 이면과 비밀을 만천하에 까발린다. 우리는 동일본을 덮친 쓰나미로 생긴 잔해물들이 바다로 흘러드는 광경을 목격했다. 거기에는 20만여 채에 이르는 파괴된 건축물의 잔해와 1만 4,000명의 시신도 포함되어 있다. 이 '쓰레기'들은 해류를 타고 하루에 $16km$씩 태평양 동쪽으로 밀려 나갔다. 끔찍한 것은 그 규모만이 아니다. 그토록 꼭꼭 숨기려던 비밀들이 까발려지는 현상 그 자체다. 우리는 무엇을 숨기고 싶었을까? 숨기고 싶었던 것은 우리 자신이 저 거대한 쓰레기더미의 생산자이자, 누리고 쓰던 물건들을 포함해 우리 자신이 쓰레기가 될 수도 있다는 저 공공연한 비밀이다.

쾌적한 삶의 이면에는 쓰레기가 숨어 있다

현대의 생활방식이 낳은 최대 과제는 썩지 않고 분해되지 않은 채 쌓이는 쓰레기 더미의 처리다. 임의적이고 방향을 예측할 수 없는 방식으로 움직이는 지구화의 힘들, 그리고 질서 구축과 경제적 진보에서 따돌림당한 채 그 부작용으로 '쓰레기가 되는 삶들'은 양산된다. 육지에서 흘러들고 배에서 투척된 쓰레기 중 플라스틱은 파도에 으깨지고 자외선에 노출되고 분해되어 섬을 이루고 바다 위를 부유한다. 해양학자의 보고에 따르면 태평양에 떠 있는 이 플라스틱 쓰레기 섬들은 그 지름이 수백 킬로미터에 이르고 남한 땅의 14배가 넘는 규모라고 한다. 가히 지구의 제7대륙이라고 할 만하다. 쌀알만큼 잘게 쪼개진 플라스틱 잔해물을 바닷새나 물고기들이 삼켜 거기에 함유된 유해물질이 바닷새나 물고기들의 몸속에 축적된다. 먹이사슬의 위계에 따라 작은 물고기들을 상위 동물들이 먹고 다시 먹이사슬의 최상위에 있는 사람들이 먹으면 유해물질의 생물 농축Biomagnification의 악순환이 발생한다.

어쨌든 쓰레기는 현대의 삶을 규정하는 가장 중요한 요소다. 유용한 생산이 있는 곳에서는 쓰레기가 나온다. 현대의 생산 활동과 쓰레기 생산은 연동되어 있다. 따라서 쓰레기를 얼마나 잘 처리할 수 있느냐의 문제는 현대 안에서 이루어지는 삶이 얼마나 쾌적해지느냐와 직결된다. 바우만은 이렇게 말한다.

쓰레기는 모든 생산의 어둡고 수치스러운 비밀이다. 아마 비밀로 남아 있는 것이 나을지도 모르겠다. 산업계의 우두머리들은 쓰레기에 대한 언급 자체를 하지 않으려고 하며, 강한 압력을 가해야만 그것의 존재를 인정한다. 그러나 설계도에 따른 삶에서는 과잉이라는 전략을 피할 수 없기 때문에, 그리고 생산 활동을 자극하고 격려하고 유발하는 전략 또한 쓰레기 생산을 자극하기 때문에 쓰레기 은폐는 매우 어렵게 된다. 쓰레기는 그 엄청난 양 때문에 감추거나 은폐하는 것이 불가능하다. 따라서 쓰레기 처리 산업은 결코 사라지지 않을 현대적 생산의 한 부분(다른 수단에 의한 은폐 정책으로서, 이후의 억눌린 것의 복귀를 막는 것이 목표인 보안[안전] 서비스 산업과 더불어)인 것이다. 현대적 생존─현대적 생활방식의 생존─은 얼마나 솜씨 좋고 능숙하게 쓰레기를 치울 수 있느냐에 달려 있다.

어떤 대상이 그것의 내재적 특성 때문에 쓰레기로 변질되지는 않는다. 물건들은 추하고 쓸모가 없어서 버려지는 것이 아니라 쓰레기장으로 향하기 때문에 추하고 쓸모 없는 것이다. 쓰레기는 대상에게 가해지는 외부 분리와 변성 작용의 결과물이다.

형태 없는 원석 덩어리 안에 감추어져 있는 완벽한 형상에 대한 전망이 그것의 탄생 행위에 선행한다. 쓰레기는 그러한 형상을 숨기고 있는 포장이다. 그러한 형상을 드러내 우리 눈앞에 나타나게 하고 진정한 조화와 아름다움 속에서 완성된 형태를 감상하려면 먼저 형상을 둘러싸고 있는 것을 풀어야 한다. 어떤 것이 창조되려면 다른 어떤 것이 쓰레기가 되어야 한다.

쓰레기는 생산과 창조에 따르는 필수불가결한 요소다. 이발소나 미용실에 가서 머리카락을 다듬을 때 잘려나간 것들은 쓰레기로 처리된다. 머리카락 자르기는 멋과 품위를 위한 분리 조작이다. 잘린 머리카락 때문에 우리는 보다 참신하고 단정한 용모를, 전과 달라진 멋진 맵시를 얻지만, 신체의 일부였던 이것은 잘리자마자 쓰레기로 격하된다. 그러나 쓰레기가 항상 나쁜 것만은 아니다. 그것은 새로운 것, 좋은 것, 우월한 것을 추출하는 데 필요한 조건이다. "모든 쓰레기와 마찬가지로 그것은 낡은 것에서 새로운 것을, 나쁜 것에서 좋은 것을, 열등한 것에서 우월한 것을 추출하는 경이로운 행위의 도구"가 되는 것이다. 쓰레기는 양면성을 가지고 있다. 그 양면성으로 말미암아 쓰레기는 숭고하다. 쓰레기는 창조의 산파며 동시에 장애물이 되는 내재적 모호함, 그리고 매혹과 혐오라는 양가감정의 경계에서 숭고해지는 것이다.

쓰레기처리장이 되어버린 사회

버려져도 괜찮은 모든 잉여들, 예컨대 불량품, 폐기물, 음식 찌꺼기가 쓰레기로 버려진다. 쓰레기란 항상 잉여에서 태어난다. 사이버 공간에도 과잉의 정보들이 넘친다. 이것들은 인간 두뇌나 그 어디에도 저장할 수 없을 만큼 거대하고, 피상적으로 훑어보는 것조차 불가능할 만큼 무한하다. 그 어디에도 흡수되지 않은 채 사이버 공간에서 무의미하게 떠도는 과잉 정보들은 월드와이드웹을 "무한히 넓고 기하급수적으로 확장 중인 정보—쓰레기통"으로 만든다.

사이버 공간의 정보 쓰레기들은 바다 위에 떠도는 쓰레기 섬과 대칭을 이룬다. 그뿐만 아니다. 생존 경쟁에서 밀려난 사람들, 자신을 부양할 수가 없어서 국가의 생계 보조 공여 수단(실업 수당, 보조금들, 각종 수당들)에 의지하는 '잉여'의 존재들 역시 쓰레기로 분류된다. "설계가 있는 곳에 쓰레기도 있다." 혼돈과 무질서와 무법성이 될 수 있는 것은 설계 과정에서 철저하게 버려지고 배제된다. 왜 그럴까? 그것은 질서 구축의 장애물이고 혼돈을 불러오는 원인이 되기 때문이다.

"혼돈은 질서의 분신이며, 마이너스 기호가 붙은 질서다. 즉 어떤 것이 제자리에 놓여 있지 않고 제 기능을 수행하고 있지도 않은 상태다." 아울러 주권에서 배제되는 순간 인간은 쓰레기로 전락한다. "설계된 형태에 맞지 않거나 앞으로 맞지 않게 될 일부 사람들이 바로 그들이다. 또는 설계의 순수성을 더럽히고 그로 인해 투명성을 흐리게 할 사람들." 카프카가 그린 괴물과 돌연변이들, 집 없이 떠도는 부랑자들, 괴짜, 잠재적 범죄자들이 다 그 대상이다.

국가와 법이 우리를 지켜줄까? 그 믿음은 어리석다. 인종 청소란 쓰레기들을 치우는 것이 아니다. 인종 청소의 본질은 질서 구축 과정에서 장애가 되는 무고한 생명들을 배제하려고 벌이는 무차별한 살상이다. 그것은 온갖 대의로 치장되지만 중대한 범죄다. 일반적으로 국가와 법은 규율을 위반함으로써 자신을 지키는 폭력들을 합법화하고 당위들로 포장한다.

데리다는 〈선입견〉이라는 글에서 "법은 자신을 지키지 않음으로써 자신을 지키며, 아무것도 지키지 않는 문지기에 의해 지켜지고 있으며, 문은 열려 있지만 무엇엔가도 열려 있지 않다"고 말한다.

법은 설계고, 설계에 작용하는 권력이다. 법이 "예외화에 따른 포함적 배제를 통해 자기 내부로 포획해 들일 수 있는 것만으로 이루어져 있다"고 말할 때 아감벤의 통찰은 얼마나 명쾌한가. 법은 있을 필요가 전혀 없는 곳에서 생겨나고, 제 규범 바깥으로 미끄러져 나감으로써 효력을 만든다. 저 수많은 예외 조항들! 법은 그 많은 예외와의 관계를 통해서만 비로소 자신을 법으로 지탱할 수 있다.

동일본 지진과 해일로 최악의 원전 사고가 터졌을 때 후쿠시마 원전을 중심으로 반경 $20km$ 안쪽은 강제 피난구역으로 정해졌다. 사람들은 평균 방사능 수치의 500배가 넘는 그 땅을 떠나 여기저기로 흩어졌다. 체르노빌에서 그랬듯이 방사능에 오염된 건물과 물건들은 쓰레기로 방치되었다. 그 반경 안은 거대한 쓰레기처리장으로 변했다. 그럼에도 삶은 지속된다. 또한 "쓰레기는 아마 우리 시대의 가장 괴로운 문제인 동시에 가장 철저하게 지켜지는 비밀"이라는 사실도 바뀌지 않는다.

동일본 지진과 해일에서 살아남은 사람들은 부수적 희생자들일 뿐이지 폐기할 인간쓰레기가 아니다. 집과 생활도구들과 일터를 잃은 이 희생자들이 할 일은 무엇인가? 그들이 할 수 있는 것은 아무것도 없다. 그들이 할 수 있는 유일한 것은 기다리는 일이다. "기다

리는 것은 수치며, 기다리는 것의 수치는 기다리는 사람에게 되돌아
온다"할지라도 다른 선택은 없다. 다만 막연한 기대와 불확실성 사
이에서 기다려야 한다. '쓰레기가 되는 삶'을 발생시키는 모든 악덕
들, 즉 자본과 자원의 독점, 집단의 광기, 유전자 변형, 불공정 무역
등에 저항하며, 기다림을 볼품 있는 삶을 만드는 동력으로 삼아야
한다.

본고는 〈세계일보〉(2011. 4. 24)에 게재한 원고를 수정·보완하여 작성한 것이다.

'액체근대'는
어떻게 탄생했는가

'액체근대'는 어떻게 탄생했는가

⊙ 장동석(출판평론가)
임지현(서강대 사학과 교수)
정수복(사회학자/작가)
정일준(고려대 사회학과 교수)

장동석 잠깐 서두를 말씀드리겠습니다. 사회학자 지그문트 바우만이 지난 2017년 1월 9일 세상을 떠났는데, 최근 2~3년 사이에 그의 책을 여러 권 탐독하면서 돌아가신 게 끝이 아니라는 생각이 들었습니다. 한국 사회에서 여전히 회자되면서 영향을 주고 있기 때문에 다시 한번 종합적으로 되돌아보는 시간을 가졌으면 합니다. 사실 바우만은 녹록지 않은 삶을 살았습니다. 폴란드 출신이라는 점도 그렇고, 유대인이라는 점도 학문적 영역에서 상당히 중요한 지점입니다. 지그문트 바우만의 생애 이야기를 시작으로 몇몇 주제들을 이야기해보도록 하겠습니다.

임지현 지그문트 바우만은 폴란드 포즈난에서 태어났는데, 이곳은 폴란드에서도 가장 민족주의가 강한 곳입니다. 아마 유대인으로서 어렸을 때 폴란드 극우 민족주의 혹은 반시오니즘 같은 것들을 쉽게 접하고 살았을 것입니다. 바우만은 제2차 세계대전이 벌어지자마자 바로 소련으로 도망가서 스탈린주의자로 출발했고, 스탈린이 조직한 아르미아 루도바Armia Ludowa라는 군대에 속해 있었습니다.

폴란드에는 두 종류의 군대가 있습니다. 하나는 아르미아 크라요바Armia Krajowa라고 하는데, 크라요바는 '아미 오브 컨추리Army of country', 루도바는 '아미 오브 피플Army of people'을 의미합니다. 의용군이 아니라 인민군이지요. 소련으로 도주했던 폴란드인들 중에 스탈린이 조직한 군대로 들어간 게 아르비아 루도바고, 아르미오 크라요바는 국내에 있던 레지스탕스들입니다. 아르미아 크라요바는 좌파부터 우파까지 폭넓게 구성되어 있는데, 주로 우파나 중도 좌파들이 속해 있었습니다. 아르미아 루도바는 스탈린주의자들이라고 흔히 이야기되는 부류지만 모두가 스탈린주의자는 아니었고 적군과 같이 움직이는 군대였지요. 바우만은 그 아르미아 루도바의 일원으로 온 것입니다.

정수복 한국 책에는 루도바가 스탈린이 조직한 적군에 소속되어 있는 의용군이라고 나와 있습니다.

임지현 번역이 잘못된 것입니다. 적군에 소속되어 있던 폴란드 군대가 맞습니다. 바우만이 죽기 직전 폴란드에서 강연할 때도 폴란드 극

우파들이 몰려와서 "너는 스탈린의 주구였다"고 외치며 시위를 벌였는데, 이것은 아르미아 루도바의 장교 경험 때문일 수도 있어요. 바우만은 2차대전 이후에 바르샤바대학 최연소 사회학과 교수가 됩니다. 현실 사회주의 때 폴란드 사회학자들이 폴란드에는 시민사회 조직이 3개가 있다고 했습니다. 첫 번째가 연대노조, 두 번째가 가톨릭 교회, 세 번째가 폴란드 사회학회라고 이야기합니다. 그 정도로 폴란드 사회학자들은 자부심이 강하지요. 다른 어느 공산국가 공산주의 체제의 사회학자들과 달리 자신들은 권력으로부터 굉장한 자율성을 가지고 있었다고 이야기합니다. 폴란드 사회학회라는 조직이 엄혹한 폴란드 사회에서 시민사회 트로이카 중 하나였다고 자신 있게 이야기하기는 쉽지 않습니다. 그런 전통이 강하게 남아 있었고, 아마 바우만도 그런 경우일 것입니다.

또 폴란드 지성사 쪽으로 보면 레셰크 코와코프스키가 있는데요. 한국에는 그의 저서 중 『마르크스주의의 주요 흐름』(유로, 2007)만 번역되어 있습니다. 둘 다 바르샤바대학 출신으로 레셰크 코와코프스키는 철학과, 바우만은 사회학과입니다. 그다음에 러시아 인민주의 쪽 러시아 사상사를 연구하는 폴란드의 대표적인 학자 안제이 발리츠키가 있습니다. 레셰크 코와코프스키, 바우만 그리고 안제이 발리츠키가 1960년대 바르샤바대학 인간주의적 마르크시즘Marxism의 중요한 축이었습니다. 바우만이 서거했을 때, 폴란드 일간지 〈가제타 뷔보르차Gazeta Wyborcza〉에 바우만 특집이 많이 실렸습니다. 그때 나온 1960년대 사진을 보면 박사 논문을 심사하면서 코와코프스

폴란드 사회학회라는 조직이 엄혹한 폴란드 사회에서 시민사회 트로이카 중 하나였다고 자신 있게 이야기하기는 쉽지 않습니다. 그런 전통이 강하게 남아 있었고, 아마 바우만도 그런 경우일 것입니다.

임지현 서강대 사학과 교수

키와 함께 담배를 피우며 앉아 있는 사진들이 나오더라고요. 바우만은 죽기 1~2년 전 폴란드 신문과의 인터뷰에서 "한 가지 내가 자신 있게 이야기할 수 있는 건 나는 사회주의자로 죽을 거다"라고 했습니다. 그런 면에서 일반적인 포스트모더니스트postmodernist와는 많이 다른 것 같습니다. 기본적으로 마르크시즘의 문제의식 같은 것을 항상 가지고 있던 사람으로 보입니다.

정일준 제가 「유동적 현대의 비판사회학: 지그문트 바우만의 사상과 실천」(김문조 외, 『오늘의 사회이론가들』, 한울, 2015)을 쓰면서 이해가 잘 안 가는 지점이 있었는데 말씀을 듣다 보니까 가닥이 잡히는 것 같습니다. 나치가 폴란드를 침공하자 바우만은 소련으로 탈출했는데, 소련이 통제하는 폴란드 군대에 입대해서 정보장교로 일했고 보안대 소령으로 진급했다는 내용이 나옵니다.

그리고 전투에도 참가했는데, 1945년 5월에는 철십자 훈장을 받았다고 해요. "1945년부터 1953년까지 보안부대 정치장교로 일했다"고 되어 있습니다. 물론, 정치장교로 전선에서 싸우기도 했고요.

출발은 열성적인 공산주의자로 했는데, 바르샤바대학에 들어가서 사회학을 공부하려고 했지만, 사회학이 부르주아 학문으로 되어 있어서 철학을 전공했다고 합니다. 그리고 1953년에 보안대 소령으로 진급했는데, 바우만의 아버지가 바르샤바에 있는 이스라엘 대사관과 접촉해서 이민을 타진하는 사건이 벌어졌답니다. 그다음에 갑자기 당으로부터 신임을 잃었던 것 같습니다. 그러면서 1954년에 바르샤바대학 강사가 됐는데, 1968년까지 계속 강사로 머물러 있었습니다.

임지현 아마 조교수나 부교수를 했을 겁니다. 그리고 지도교수인 율리안 호호펠트는 2차 대전이 일어나기 전 폴란드 사회당의 중요한 이데올로그 중 한 사람입니다. 바우만은 자신에게 영향을 준 세 사람으로 그람시, 게오르그 짐멜 그리고 호호펠트를 꼽았습니다. 호호펠트는 외국어로 쓴 논문이 없어서 한국에 잘 안 알려졌는데, 흐루시초프가 2차 전당 대회에서 스탈린을 비판하기 직전인 1956년에 런던대학을 방문해서 '오픈마르크시즘Open Marxism'에 대한 강연을 합니다. 현실 사회주의에서 온 정치학자가 오픈마르크시즘에 대한 이야기를 자본주의의 심장인 런던에서 한다는 것이 아무것도 아닌 것 같지만, 당시에는 엄청난 지성사적 사건이었습니다. 그때 바우만은 런던정경대학London School of Economics and Political Science에 가 있었습니다.

정일준 바우만은 런던정경대학에서 영국 사회주의 운동을 연구했는데, 그때 지도교수가 맥킨지 교수였답니다. 바우만이 초기에는 정통 마르크시즘 계열이었는데, 그람시와 짐멜의 영향을 받으면서 조금씩 현실 비판적인 입장으로 돌아섰다고 합니다.

임지현 호흐펠트도 중요한 역할을 했을 것 같습니다. 호흐펠트, 오스카 랑게는 2차 대전 이전의 폴란드 사회당 이데올로그들이거든요. 28살에 당 강령을 쓴 오스카 랑게는 마르크시스트인데, 개량 경제학을 잘하는 사람입니다. 2차 대전 이전에 사회당을 움직였던 인물들은 굉장히 독특해요. 1920~1930년대에 사회주의 인터내셔널에 굉장한 영향을 미칩니다. 소련의 볼셰비즘Bolshevism과는 다른 사회주의 전통이 폴란드 사회당에 쭉 있었고 그것들이 호흐펠트라는 인물을 통해서 바우만에게도 영향을 미치지요.

　로자 룩셈부르크가 폴란드 사회당의 대표적인 인물인데, 이들은 소련 볼셰비즘이나 레닌을 굉장히 우습게 봅니다. "당신들이 마르크스를 알아? 헤겔의 변증법을 알아?" 이런 식입니다. 사실은 볼셰비키라는 것이 혁명이 일어나기 전에는 유럽의 사회주의 운동사에서 완전 변방에 있었잖아요. 그리고 독일 사회민주당이 소련의 사회민주당 운동을 지원할 때 모든 것을 룩셈부르크가 결정했습니다. 룩셈부르크가 러시아를 잘 아니까요.

로자 룩셈부르크나 폴란드의 사회주의 전통에 있던 사람들을 보면 러시아에 대해 굉장한 지적 우월감을 가지고 있습니다. 폴란드는 현실 사회주의 때도 집산화도 안 하고 집단농장도 안 만들었으니까요. 전부 소규모 소농 경제로 계속 갔거든요. 그런데 2차 대전 직후에 프라하에 있는 〈월드 마르크시스트 저널〉 편집장이 와서 "동무들은 쿨락(kulak, 제정 러시아의 부농)이 몇 명이야?"라고 물어본 것입니다. 폴란드의 마르크시스트들이 "쿨락? 우리는 쿨락 없는데?" 하니까 "어떻게 쿨락이 없냐. 당신네 인구가 몇 명이냐?" "2천만이다." "그럼 10퍼센트가 쿨락이니까 2백만을 숙청해야 하지 않겠느냐." 그런 이야기들을 할 때 코웃음 쳤다고 합니다. 독일로부터 할양받은 땅만 무주공산이니까 그것만 집산화했지요.

정수복 동유럽 경제가 소련하고 똑같이 된 것이 아니라 다 개별적인 특성이 있군요. 몰랐던 사실입니다.

임지현 아마도 바우만이 바르샤바대학에서 자리를 잡고 일했을 때는 그런 흐름들이 있었을 것 같습니다. 사실은 코와코프스키도 완전 스탈린주의자였거든요. 2차 대전 직후에 아담샤프가 코와코프스키를 바르샤바로 데려왔는데, 1956년에 결국 탈스탈린주의 운동이 일어나면서 이 사람들은 수정주의자가 됩니다. 코와코프스키도 결국은 폴란드를 떠납니다. 당을 떠나서 옥스퍼드로 가는데, 그때 코와코프스키는 마르크시즘을 완전히 버리고 자유민주적으로 변하지요. 어쨌거나 바우만이 사회주의자로 죽겠다는 이야기를 바로 죽기 전 인터뷰에서 한 거 보면 사회주의를 버린 사람은 아닌 것 같습니다.

정일준 약간 다른 버전의 사회주의인 것 같네요.

임지현 그렇지요. 포스트모더니스트가 아니라 포스트모던한 조건 속에서 마르크시즘의 문제의식을 뚫어 나갔을 때 바우만의 이야기가 완성되는 것이 아닌가 하는 생각이 듭니다.

정수복 포위된 상황에서 진지를 구축하는 사람이라고 볼 수 있겠네요. 이렇게 어떤 상황에서 어떤 이념적인 성향을 가지고 학문을 했는가를 정리하는 작업은 굉장히 중요합니다. 그 다음으로 폴란드를 떠나는 이야기를 해볼까요.

정일준 호흐펠트가 1962년 프랑스에 있는 유네스코 사회과학 부서 부소장이 됩니다. 그래서 사실상 바우만이 호흐펠트의 자리를 물려받아서 계속 강의를 했는데, 1968년에 폴란드 공산당에서 반시오니즘 운동을 했던 모양입니다. 그래서 통합 노동당 당원 자격도 포기했답니다. 반시오니즘 운동이 정점에 이른 상황에서 많은 유대인 출신의 지식인들이 추방당했는데, 그때 바우만도 폴란드를 떠났습니다. 잠깐 이스라엘 텔아비브대학에서 강의를 했는데, 거기서 굉장히 환멸을 느꼈던 것 같습니다.

정수복 시오니즘과 맞지 않았다는 이야기를 많이 하지요.

임지현 그곳에서 히브리어를 배우는데, 이 텍스트를 통해 히브리어를 배우고 나면 완전히 시오니스트가 되겠다는 생각이 들었더라고 하더라고요.

정수복 시오니즘에 대한 거부감이 컸다는 이야기네요.

임지현 1967년에 중동에서 6일전쟁이 일어나는데 이스라엘이 소련-아랍동맹국을 격파하니까 그것을 빌미로 동유럽에서 반시오니즘 운동이 벌어집니다. 이상하게도 유대계 마르크시스트는 개혁파에 국제주의자가 많고, 폴란드의 파르티잔파는 모차르 장군을 축으로 하는 민족주의자, 마르크시스트들이 많습니다. 이들이 권력 투쟁을 벌이는 것이지요. 그래서 반시오니즘이라는 이름으로 개혁파 혹은 국제주의자들을 쫓아내는데 묘하게도 그 그룹에 유대교들이 많았습니다. 반시오니즘을 하긴 하지만, 굉장히 굴욕적인 모습이었던 모양이에요. 예를 들면 과학아카데미 연구소 전체 회의를 하면 동원된 청소부들이 다 몰려와서 연단에 빗자루를 던지며 "왜 폴란드 사람인 나는 여기서 청소나 하고 월급도 이렇게 적게 받는데, 유대인은 교수라고 월급도 이렇게 많이 받느냐? 시오니즘의 음모다" 이런 식의 운동을 벌이는 것입니다. 1968년까지 당에 남아 있었던 사람들은 자신이 국제주의자고 폴란드인이라고 생각하는 사람들이었습니다. 이 사람들이 1968년에 그런 끔찍한 일들을 겪고 나니까 폴란드를 떠났고 바우만도 그때 떠난 것입니다.

홀로코스트가 바우만에게 준 영향

정일준 지금 말씀 들으니까 바우만 사상의 원형이 어떻게 형성되는지를 알 수 있을 것 같습니다. 마르크스, 레닌, 스탈린주의와의 관계, 폴란드 당에서 민족주의자와의 관계. 사회주의적인 지식인들의 연대 지점들이 다 드러나는 것 같네요. 역시 개인적·지적 성장 배경을 알아야 어떻게 가지가 뻗어 나가는지가 이해되는 것 같습니다. 그다음에 바우만은 리즈대학에 정착합니다. 바우만의 제자인 케이 테스터는 그의 지적 계보를 크게 3단계로 나누었습니다.

첫 번째는 정통 마르크스주의자의 시기로 처음부터 1980년대 초반까지입니다. 두 번째는 현대성, 탈현대성을 이야기하던 시기로 1989년부터 1990년대 말까지고요. 2000년대에 들어가면서부터는 소위 말하는 '리퀴드모더니티^liquid modernity(액체근대)'를 이야기하는 시기입니다. 여기서는 리퀴드를 뭐라고 번역할 것인지가 중요한 쟁점일 거 같습니다. 어떤 이는 고체에 대비되는 액체라고 말하거나 하나의 유동적인 젤 상태 같다고 합니다만, 이것은 번역 문제가 아니라 한국어의 어감 문제가 큰 거 같습니다. 결국 텍스트가 쓰인 콘텍스트^context가 있는데, 그 콘텍스트를 많이 아는 사람일수록 뉘앙스를 담은 우리말을 주장하거든요. 저는 우리말의 콘텍스트에서 쓰이는 용어를 써야 한다고 생각합니다. 왜냐면 콘텍스트를 그대로 동일시할 수 없기 때문입니다. 결국 번역 용어는 절반 이상 새롭게 창조해야 합니다.

정수복 저는 오히려 '액체'라는 말이 바우만에 대한 사람들의 흥미를 일으킨 것 같습니다.

장동석 이번에 자료 조사를 하다 보니까 정일준 선생님이 말씀하신 것처럼 액체근대에 대해 텍스트와 콘텍스트의 긴장감을 이야기한 사람은 거의 없고, 그냥 쓰나미보다 더 심각한 것이라는 식으로 해석하는 경우가 제일 많았습니다.

정수복 오해를 불러일으키는 번역이지요.

정일준 사실은 첫 번째에서 두 번째로 넘어가는 시기에 쓴 책이『현대성과 홀로코스트』입니다.

임지현 바우만의 부인 야니나 바우만Janina Bauman이 홀로코스트 생존자입니다.『현대성과 홀로코스트』를 보면 그녀 때문에 이 책을 썼다는 이야기가 나옵니다. 야니나는 『겨울 아침Winter in the Morning』(1986)이라는 자기 생존기 수기를 쓰기도 했습니다.

정일준 저는『현대성과 홀로코스트』를 처음 읽고 한국어로 번역해야겠다고 생각했습니다. 이 책이 바우만 사상과 관련해서 매우 중요한 저작이고, 사회학이나 사회과학 전체에서도 매우 중요한 텍스트이기 때문입니다. 이 책을 쓰면서 바우만은 홀로코스트에 대한 두 가

하나는 그것이 유대인에게 한정되어 벌어진 불행한 사건이라는 것입니다. 유대 민족이기 때문에 겪었던 굉장히 '예외적인 사건'이었다는 편견이지요.

정일준 고려대 사회학과 교수

지 편견을 이야기합니다. 하나는 그것이 유대인에게 한정되어 벌어진 불행한 사건이라는 것입니다. 유대 민족이기 때문에 겪었던 굉장히 '예외적인 사건'이었다는 편견이지요.

또 하나는 홀로코스트가 '과거의 사건'이라는 시각입니다. 사람들이 홀로코스트를 '이미 지나간 일이다', '아주 독특한 민족이 과거에 겪었던 참 불행한 사건'이라는 식으로 이야기한다는 것입니다. 그는 부인의 이야기를 하면서 자신은 홀로코스트를 거실에 있는 액자 같은 것으로 이해했다고 합니다. 그런데 부인의 수기를 읽고 나서 보니까 창문 밖에 펼쳐지는 풍경 같았다는 거예요. 이것은 굉장히 중요한 지적인데요. 일정한 조건만 주어지면 지구상의 모든 민족, 인종, 집단에게 앞으로도 계속 벌어질 수 있는 사건이라는 것입니다. 과거의 일이 아니라 지금 세계 어디서건 벌어질 수 있는 일로 현재화시켰다는 데 이 책의 울림이 있는 것입니다.

제가 이 책을 읽으면서 흥미로웠던 것이 바우만 본인은 홀로코스트와 관련해서 새로운 인터뷰를 하지 않았고 기록도 가지고 있지 않다고 합니다. 이미 나와 있는 자료를 가지고 성찰을 통해서 재구성했다는 것입니다. 그런 점에서 홀로코스트를 연구하는 전문 연구자들이 "과연 바우만의 기여가 뭐냐?", "요약 내지는 교통정리 한 것밖에 더 있냐?" 이렇게 이야기할 수 있는데, 그의 책을 읽고 나면 절대 그렇게 생각할 수 없습니다. '민주주의가 조금 물러나고 너도 잘못하면 가스실에 갇혀서 독가스 마시고 죽을 수 있다. 잡혀갈 수 있다' 이런 메시지로 읽는 것은 참 잘못된 이해입니다.

홀로코스트는 현대성이라는 관료체제하에서 과학 기술이 뒷받침한 건데, '이 체제하에서 네가 바로 그런 수용소 경비병이 될 수 있고, 네가 독가스를 집어넣는 일을 담당하고 있을 수 있다'는 거예요. 그래서 한나 아렌트의 『예루살렘의 아이히만』(한길사, 2006)도 비판적으로 정리하면서 악의 평범성이 문제가 아니라 모든 사람이 악의 편에서 그런 관료 역할을 충실히 이행할 수 있다는 이야기를 한 것입니다.

저는 이번에 박근혜, 최순실 게이트 청문회를 보면서 그런 생각이 들었습니다. 청문회에 출석한 사람들이 하나같이 "나는 잘 몰랐다. 나는 시키는 대로 했다." 이렇게 이야기하는데, 저런 사고방식이 홀로코스트를 가능하게 했을 것이라고요. 바우만은 만약 유대인에 대한 혐오나 광기에 사로잡혀 있었다면 그렇게 광범위하게 조직적·체계적·과학적·관료적으로 그 짧은 시간에 많은 인원을 죽일 수가 없었을 것이라고 이야기합니다. 이것은 광기나 미움의 문제가 아니라 고도의 이성과 합리성에 기초했다는 거예요. 과학 기술과 관료제가 결합해서 시너지 효과를 낸 것인데, 어떻게 이걸 과거의 일회적인 사건이라고 이야기할 수 있겠느냐는 것입니다.

이 모델을 가지고 한국 전쟁이나 다른 나라의 내전을 연구해보면 하나의 작업가설로 충실히 작동할 수 있습니다. 홀로코스트가 남의 이야기가 아니라 지금 여기에서 그리고 앞으로 벌어질 수 있는 사건이라는 것을 환기시켜줬다는 점에서 선구자적인 역할을 한 책인 것 같습니다.

정수복 전기적인 이야기를 조금 더 덧붙이자면 바우만은 폴란드 유대인으로서 히틀러 치하에서 러시아로 이주한 다음 스탈린 군대의 군인이 되어서 귀국했다가 종전 후에는 폴란드 지식인 사회에서 마르크시즘 이론가로 활동했는데요. 자신에게 영향을 준 사람으로 짐멜을 언급하는 것이 독특한 부분입니다. 짐멜은 마르크시스트가 전혀 아닙니다. 오히려 신칸트주의자에 가깝고, 에세이적인 글을 잘 썼던 사람입니다. 사소한 것들을 많이 연구하는 사람으로 여자들이 교태 부리는 모습, 화장은 어떻게 하는가, 다리가 무엇을 의미하는가, 창문은 어떤 의미가 있는가 등 일상적이고 미학적인 것을 많이 연구한 사람으로 알려져 있습니다. 2000년 이후에 바우만이 쓴 글을 보면 그런 잔잔하고 사소한 것들이 많이 나오는데, 두 사람이 어떻게 연결되는지를 알 수 있습니다. 폴란드의 공산 정권하에서는 짐멜의 영향을 받은 글을 쓸 수 없었을 것입니다. 좌파이론가로 활동하던 1970~1980년대까지도 마르크시즘에 가까웠지만 2000년대 이후에 짐멜의 영향을 받은 글들이 나온 것 같습니다.

그리고 제가 프랑스에서 유학할 때 폴란드 출신 사회학자가 양차대전 사이의 폴란드 사회학 역사에 관해 쓴 책을 본 기억이 납니다. 즈나니에츠키 같은 사람이 시카고대학으로 가서 사회학과를 발전시키는 데 많이 기여했거든요. 미국으로 이민 온 폴란드 농민들이 보낸 편지 등 질적 자료를 분석해서 폴란드 농촌 구조와 이민자들에 대해 연구했는데, 이게 미국 사회학에도 많은 영향을 주었다고 합니다. 폴란드 사회학의 강점인 질적방법론을 사용한 것이지요. 미국 사회학은 지금 현재 주류가 양적방법론이라고 되어 있는데요. 질적방법론이 폴란드 사회학 주류 연구방법론이었고, 초창기 미국 시카고학파에도 영향을 주었다는 이야기를 덧붙일 수 있을 것 같습니다.

『액체근대』를 시작으로 2000년대 이후에 쏟아져 나오는 여러 책에서 바우만은 글쓰기를 강조하고, 사회학에서 글을 어떻게 써야 할 것인지를 고민합니다. 그래서 전문가적인 사회학이 아니라 보통 사람이 쓰는 일상 언어로 사회학적인 글을 쓸 수 있다는 것을 실험적으로 보여주려고 했습니다. 아마도 질적방법론을 강조한 폴란드 사회학 전통과 짐멜의 글쓰기가 바우만 후기 저서에 반영된 것이 아닌가 합니다.

다른 하나는 바우만이 1971년에 영국으로 넘어가서 『극단의 시대』(까치, 2009)를 쓴 에릭 홉스봄과 함께 영국 노동 사회 연구를 합니다. 그러다가 노동 계급을 중심으로 하는 전통적인 좌파 운동이 더 이상 중심적인 사회운동 세력이 되기 어렵다는 것을 어느 정도 알게 되고요. 그때부터 아렌트, 자크 데리다, 아감벤 등의 책을 읽었다고 하는데, 그러면서 모더니즘의 한계를 인식하면서 사상적인 전환을 하는 것이 아닌가 합니다.

임지현 저는 『현대성과 홀로코스트』가 결정적인 역할을 했다고 생각합니다. 왜냐하면 제가 2002년에 했던 인터뷰 제목을 '악의 평범성에서 악의 합리성으로'라고 정했는데요. 무수히 많은 홀로코스트 연구가 있지만, 사람들의 인식을 바꾼 책 두 권을 꼽는다면 『예루살렘의 아이히만』과 바우만의 『현대성과 홀로코스트』입니다. 아렌트가 악의 평범성이라는 테제를 끄집어냈다면, 바우만은 그것을 넘어설 수 있는 테제로 악의 합리성을 끄집어냈다고 저는 생각합니다. 사람들이 제노사이드는 전근대적인 사회나 비합리성이 지배하는 사회에서 일어나는 잔인성의 결과라고 생각하는데, 그것이 아니라는 겁니다. 아주 근대적인 사고와 과학 기술의 발전이 전제되지 않으면 제노사이드가 불가능하다는 이야기를 던져준 것이지요.

결국 포스트모던적 조건으로 돌아가는 것에 대해 이해하게 된 계기가 홀로코스트에 관한 내용입니다. 바우만이 이야기하잖아요. 홀로코스트를 보면 명령 내린 사람은 "내가 사람을 죽였냐? 난 유대인 따귀 한 번 때려본 적이 없다"고 말하고, 밑에서 죽인 집행인들은 "내가 무슨 책임이 있냐? 나는 독일에 충성하기로 한 관료로서 위에서 명령한 대로 했을 뿐이다"라고 합니다. 최근 최순실 사태도 마찬가지지만 실질적으로 책임지는 주체가 관료제 속에서 없어지는 것입니다.

정수복 최순실 사태뿐만 아니라 광주항쟁 책임자 청문회 때도 그랬지요.

임지현 예컨대 이라크 전쟁에서도 전투기 조종사들이 컴퓨터 게임을 하듯이 버튼을 눌러도 죽은 사람의 비명이 들리거나 피 같은 게보이지 않잖아요. 이런 것들 또한 홀로코스트를 고민하면서 모더니티의 문제를 제기하게 했습니다. 그것들 역시 포스트모더니즘postmodernism적 조건 혹은 고리라는 생각이 들었습니다.

정수복 저는 1953년 스탈린 사망 이후 흐루시초프가 집권하면서 스탈린 비판이 이루어지고 마르크시즘 내에서 개혁의 움직임이 있었는데, 바우만도 거기에 동참했다고 봅니다. 코와코프스키도 마찬가지고요. 사회학 공부하는 사람들이 1970년대의 사회 계층이나 계급을 연구할 때 많이 보았던 『Class, Status, and Power』라는 책이 있습니다. 1964년에 바우만이 영어로 쓴 논문 「Economic growth, social structure, elite formation: the case of Poland」가 거기에 실려 있습니다. 이걸 보면 공산권 사회에서도 경제성장이 일어나고 사회구조가 바뀌면서 엘리트층에 변화가 일어나는데, 과거 스탈린주의 엘리트가 아니라 새롭게 등장하는 엘리트층이 개혁적인 세력이 될 수 있지 않을까 하는 희망을 품고 연구했던 것 같습니다.

그러다가 1950~1960년대 헝가리와 체코의 개혁세력이 소련 침공에 의해 무너지면서 동유럽 공산당 내에서는 개혁이 어렵다는 것을 깨닫습니다. 그때 유대인이 차별과 모욕을 당했는데, 그러면서 바우만도 이스라엘로 간 것이 아닐까 생각합니다. 이스라엘에 가서 홀로코스트에 관한 유대인의 이야기를 많이 들었을 것이고 그러면서 유대중심주의에 불만을 느낀 것 같습니다. 그래서 시오니즘의 공격성이나 자기중심주의에서 벗어나야겠다는 생각을 했고 영국으로 가서 그런 생각들을 계속 발전시켰겠지요. 하지만 1960~1970년대까지는 홀로코스트가 주요 연구 대상이 아니었습니다. 바우만은 1980년대까지도 영국 좌파들과 함께 노동운동을 중심으로 하는 사회개혁을 꿈꿨다고 봅니다. 그러다가 1980년대 중후반으로 가면서 소련 체제 내부가 약해지고 고르바초프가 등장하면서 홀로코스트 연구에 집중한 것이 아닌가 싶습니다. 노동 계급을 중심으로 한 사회개혁에 대한 꿈이 있었던 것이 좌파인데, 그게 어떻게 깨지느냐가 중요한 것 같습니다.

임지현 조건이 바뀐 것입니다. 이 사람이 이야기한 대로 리퀴드모더니티는 나중에 자본과 노동의 단단한 결합이 깨지기 시작한 거잖아요. 평생 고용이라는 게 없어지고, 노동유연성$^{labor flexibility}$ 같은 것들이 들어오기 시작합니다. 그리고 17세기 자본주의가 대두한 이래로 자본과 노동이 계약을 맺고 같이 간다는 자본 대 노동의 이분법이 우리가 기존에 알고 있던 마르크시즘의 틀로는 이해되지 않는다는 조건 변화를 이 사람이 느낀 것이지요.

정수복 그것이 영국에 가서 일어난 일이라는 건가요?

임지현 그렇지요. 폴란드에 있을 때는 노동시장이라는 것이 없었으니까요. 그런 차이가 분명히 있고요. 제가 바우만을 처음 만난 것이 1999년 린츠에서 열린 국제노동사대회의 20세기를 정리하는 '노동의 세기'라는 콘퍼런스에서였습니다. 저는 제3세계 쪽을 맡아서 했고요. 홉스봄이 기조 강연을 하고, 바우만은 저와 같이 발표를 하면서 알게 되었습니다.

정수복 2000년에 나온 『노동의 세기 실패한 프로젝트』(삼인, 2000)에 바우만이 쓴 「노동의 대두와 몰락」이라는 글이 실려 있습니다. 노동 계급을 중심으로 한 사회 개혁의 가능성이 희박해졌다는 주장이 이 논문에 나오지 않나요?

임지현 개혁이 안 된다기보다는 노동의 사회적 전제조건이 바뀌었다는 것입니다. 전제조건이 바뀌었고, 그것이 포스트모던 컨디션이라고 이 사람은 이야기하는 것입니다. 처음에 들었을 때는 굉장히 독특한 이야기라고 생각했는데 이게 훨씬 현실하고 맞는 거 같습니다. 기존에 마르크시스트가 자기의 패러다임 틀을 가지고 현실을 꿰맞췄던 측면이 있었다면, 바우만은 오히려 그런 면에서 현실을 포착하는 힘이 더 강합니다. 다른 마르크시스트보다 현실을 포착하는 유연성이나 힘이 확실히 더 있지 않았나 하는 느낌이 들었습니다.

정수복 바우만은 죽을 때도 사회주의자로서 죽고 싶다고 했다는데요. 1990년대 이후 자본주의적 세계화가 가진 문제들이 점점 더 드러나게 됩니다. 그런데 1990년에 은퇴한 바우만은 훨씬 자유로운 상태에서 저서도 많이 출간하면서 활발하게 활동합니다. 예를 들자면 바우만은 세계화가 가져온 여러 가지 문제점 가운데 불평등을 중요하게 취급합니다. 이후 국가가 약화되고 시장이 지배하며 개인 생활이 파편화되고 일상세계가 무너지는 측면을 다루는 후기의 포스트모더니즘 저작으로 넘어갑니다. 그 중간에 모더니즘과 홀로코스트 연구가 다리 역할을 했습니다.

리퀴드모더니티와 마르크시즘

정일준 한국에서 어떤 사상이나 이론을 이야기하기 어려운 이유 중 하나가 해석이 두 겹, 세 겹 중첩되기 때문입니다. 이것은 왜 한국에서 바우만이 인기를 얻고 있는지와도 관련 있다고 생각합니다. 좋든 싫든 간에 서구의 자본주의 산업화가 있습니다. 거기에서 나타난 새로운 노동 계급과 사상이 있는데, 그것이 국가 단위에서 러시아 혁명 이후에 실험이 되고 세계적으로 퍼져나가지요. 원래의 사상이 있고, 그 사상에 기반을 둔 사회 계급이 있습니다. 이것이 국가와 결합하고, 국제적인 사회주의 운동으로 연결됩니다. 나라마다 조건이 다르기 때문에 자본주의의 발전 정도가 다르고, 독립 국가냐 식민지냐 하는 차이도 있습니다. 그런데 그런 지정학적·역사적 차이와 더불어 자본주의 생산 시스템이 들어오면서 정치사상, 정치운동, 당, 노조 이런 것도 같이 들어옵니다. 여러 가지가 혼합되는 거예요.

바우만의 위치가 지식인이면서 당과 관련이 있고, 노조나 진보운동과도 관련이 있으면서 유대인이고, 폴란드 출신으로 영국에 가 있었지요. 그래서 어느 한 곳에 고착되지 않고 훨씬 자유롭게 사회를 관찰할 수 있었던 것 같습니다. 저는 바우만이 다른 제3세계나 사회주의 국가가 아닌 영국으로 갔다는 점이 그에게 행운이었다고 생각합니다. 영국은 자본주의의 원형이고 페이비안 전통을 비롯해서 마르크스—레닌—스탈린으로 연결되지 않는 약간 열려 있는 사회주의 운동의 전통이 있으니까요.

바우만은 포스트모더니즘과 포스트모더니티postmodernity를 구분했는데, 포스트모더니즘은 포스트모던 조건에 대한 성찰reflection, 포스트모더니티는 현대성modernity에서 환상illusion을 뺀 것이라고 정의했습니다. 그러면서 리퀴드모더니티라는 개념으로 넘어가는 이유를 설명합니다. 노동자와의 포스트포디즘post-Fofdism적인 협약이 깨지고 자본은 굉장히 자유로워집니다. 노동은 장소와 시공간에 묶여 있는 조건을 사실적으로 묘사하기 위해서 이 포스트모더니티라는 개념을 받아들였습니다. 그런데 그것이 현실이건 운동이건 사상이건 어디에도 정박적 기준점이 없는 것처럼 이야기되는 것을 불쾌하고 불편하게 느꼈고, 바우만은 포스트모더니티나 포스트모더니즘이라는 개념을 쓰지 말아야겠다고 생각했습니다. 그래서 옮겨간 것이 리퀴드모더니티라는 표현입니다.

마르크스는 〈공산당 선언〉에서 "모든 견고한 것들이 다 녹아내려 없어진다"고 썼는데, 다른 한편으로는 자본주의를 하나의 굉장히 견고한 생산체제로도 이야기했습니다. 바우만은 자본주의는 기존의 모든 질서를 사상이건 사회 조직이건 다 바꿔버리는 것으로 보았습니다. 문제는 사회주의 사상이나 공산주의 운동이 세상을 바꾸려고 하면서, 철의 규율로 무장한 당 조직을 만들려고 하고, 사회주의 국가들에서 계획경제체제를 운영하려고 했습니다. 자신들이 두 발을 딛고 서 있는 현실은 다 녹아 없어져버리는데 거기서 뭔가 확실한 것을 추구하려고 했던 것이 정말 시대착오였다고 바우만은 지적합니다. "사회주의가 왜 망했는가?"라는 질문에 대해 바우만은 마르크스, 레닌주의 정당이라든가 정파라든가 그런 운동 세력의 잘못으로 보지 않고 조건이 바뀌었다는 점을 강조합니다.

바우만의 『부수적 피해』라는 책에 「공산주의를 위한 진혼곡」이라는 글이 나오는데, 이것은 사상과 운동 그리고 체제로서의 공산주의에 대한 포괄적인 성찰입니다. 이 중간 단계에서 포스트모더니티를 이야기하는데요. 여기서 가장 핵심적인 것은 바우만이 모더니티에 굉장히 양가적인ambivalent 측면이 있다고 보았다는 점입니다. 모더니티의 진보적이고 긍정적인 측면을 이야기하는 사람들은 모더니티라는 것이 여전히 성취되지 않은 꿈이고 밀고 나가야 할 프로젝트라고 봅니다. 그것의 어두운 면을 많이 보고 실망한 사람들은 포스트모더니즘으로 넘어가야 한다고 이야기하는데요. 사람들이 자신을 '포스트모던 사상가', '포스트모더니티의 전도사prophet of modernity'라고 이야기하는 순간에도 바우만은 모더니티가 가진 양가성에 주목합니다. 그리고 거기에 대해서 전면적 성찰을 통해서 좀 더 개혁하거나 완화하는 것을 추구했습니다. 그리고 이런 입장이 더 이상 유지될 수 없다고 생각하면서 리퀴드모더니티로 넘어가는 것입니다.

제가 하나 짚고 넘어가고 싶은 것은 어떤 아이디어가 제도화되어 관료제와 과학기술의 지원을 받으면서 하나의 정치질서, 사회질서, 산업질서, 노동질서라는 것이 짜여집니다. 그 안에서 사람들이 자유롭게 유동한다는 이야기를 하는 것입니다. 사람들은 리퀴드모더니티로 넘어오면 아무런 통치 시스템도 없고 지배적인 이념도 없고 모든 게 다 제멋대로 나뉘어서 조합이 무한대로 가능할 것처럼 생각합니다. 하지만 저는 오히려 리퀴드모더니티가 장 이론$^{\text{field theory}}$처럼 느껴집니다. 전기나 전자파가 안 보이지만 쇳가루를 뿌리면 다 보이는 것처럼 자기장도 그런 거잖아요. 그런 의미에서 리퀴드하다고 이야기한 것입니다. 그렇다면 권력이 없어진 것인가? 그것은 훨씬 더 강고하고 교묘하게 그리고 아주 일상화되어 있습니다. 권력의 형태 변화나 작동 방식의 변화를 이야기하면서 사랑이나 소비문화와 같은 이야기도 함께 한 것입니다.

바우만이 포스트모더니티, 리퀴드모더니티의 기본 틀로 상정하는 사회상이 무엇인지에 관해서 생각하지 않고 그냥 이야기되다 보니까 그것이 사람들로 하여금 바우만을 편안하게 읽을 수 있는 계기가 된 것이겠지요. 자기 나름대로 해석하며 읽을 수 있으니까요. 몇 년 전 〈조선일보〉 기자가 저에게 바우만이 왜 이렇게 인기가 있느냐고 물어서 이렇게 답변했습니다. 예컨대 넓고 높은 산은 아무 데서나 들어가도 되지 않느냐? 제일 짧은 코스로 넘어가기도 하고, 긴 코스로 갈 수도 있고, 입구가 여러 개인 산처럼 아무렇게나 넘어가도 다녀왔다고 한다는 것이지요. 바우만의 책도 입구가 여럿이고 산행로도 많습니다. 그는 하나의 통합된 이론을 주장하지는 않았지만, 그럼에도 불구하고 사실은 일관된 입장이 있고 굉장히 강고합니다.

임지현 저는 그가 포스트모던한 조건 속에서의 마르크시즘을 재구성하려고 했던 연구자라고 생각합니다. 예컨대 한국의 노동 시장을 봤을 때, 지금 민주노총이 진짜 노동자 계급의 어떤 하나의 대의를 짊어지고 나가는 집단이냐? 아니라는 거지요. 조합에 가입된 조직 노동자들이 특권화된 집단이 된 것은 이미 다른 나라 노동운동의 경험을 보면 알 수 있는 사실입니다. 서유럽뿐만 아니라 남아공 같은 데서도 그렇고요. 그런데 우리가 예전의 마르크시즘적인 틀로 여전히 민주노총이 한국 사회에서 가장 진보적인 노동자 그룹이라고 이야기하는 순간, 한국 사회에 대한 진단도 틀리게 되고 미래에 대한 출구도 찾을 수 없게 되는 것입니다. 그래서 우리에게 바우만 같은 문제의식이 중요한 것이지요.

얼마 전 어떤 진보적이고 저명한 학자가 트럼프의 강령이 저학력 백인 노동자들을 보호하는 것이라고 말하는 것을 보고 깜짝 놀랐습니다. 히틀러도 그랬거든요. 히틀러는 심지어 공장에 오케스트라를 보내서 우리 노동자들이 바그너를 들어야 한다고 했습니다. 실질적으로 일본의 총력전 체제도 그렇고요. 1930년대 주류 남성 노동자 정규직 계급을 지원하고 그들을 자신의 편으로 끌어들였던 것이 파시즘 체제였습니다. 독점 자본이 이들을 억압했던 체제는 아닌 것입니다.

마르크시즘의 틀에서는 스탈린의 소셜파시즘 체제나 이런 데 가려져 있다 보니까 실제로 이미 20세기에 노동과 자본의 관계가 변화했던 것들, 그리고 거기에 정치 권력이 작동하는 방식에 대해서 너무나 도그마dogma적인 생각을 가지고 있었던 것입니다. 바우만이 보기에 1970년대 후반 이후 노동시장과 1980년대 신자유주의 대두 이후에 사회가 변화하는 과정에서 그러한 문제들이 좀 더 분명하게 드러나지 않았나 합니다.

다시 돌아와서, 바우만이 자신은 사회주의자로 죽을 것이라고 말한 게 어떤 의미냐면, 포스트모던한 조건이 바뀐 환경에서 사회주의는 어떻게 해야 하느냐는 것입니다. 홉스봄도 그 이야기를 하거든요. 유럽의 지금 모든 보수 정당들은 19세기 후반에 노동운동과 사회주의 운동이 강령으로 내걸었던 모든 요구 사항을 이미 당 강령으로 반영하고 있다는 것입니다. 19세기 마르크스가 등장할 때의 틀을 가지고 20세기 말 21세기 초의 상황을 분석하는 것은 구식이고 현실과 맞지 않는 것이지요. 그런 면에서 바우만은 '포스트모던 컨디션'이라는 표현을 많이 사용합니다. 예전의 모던한 컨디션이 아니라 끊임없이 바뀌고 있는 조건들 속에서 그 문제의식을 다시 실현하는 방법이 무엇인지 고민하는 것입니다. 역시 이방인이었다는 게 영향을 미친 것 같습니다.

저는 예전에 송두율 사건이 일어났을 때 바우만을 떠올렸습니다. 송두율 씨가 바우만처럼 자리를 잡았다면 달랐을 것입니다. 그러나 그분은 독일 학계에서 위치나 이런 것이 없었지요. 반면 바우만은 유대인 네트워크와 커넥션도 있었던 것 같습니다. 서구 학계에서 이들이 가진 네트워크가 있으니까 리즈대학에서 빨리 자리 잡을 수 있지 않았나 싶습니다.

『현대성과 홀로코스트』를 소개하고 나서 코넬대학의 교수 사카이 나오키가 바우만을 강연에 초청하고 싶다면서 저에게 다리를 놓아 달라고 부탁한 적이 있습니다. 그래서 바우만에게 이야기했더니 자기는 미국의 유대인들, 시오니스트들이 너무 무서워서 가지 않겠다고 딱 잘라 말하더라고요. 역시 자기의 물적 기반이 있고, 이방인으로서 살아갈 수 있는 포지션이 갖춰졌다는 것을 느꼈습니다.

정일준 마르크스는 영국에서의 자본주의 산업혁명과 노동 계급 형성 운동을 보면서『자본』을 썼고, 이후 물적 조건의 변화와 지적인 성장, 발전, 성숙이 있었습니다. 바우만의 경우에는 포스트모던한 조건으로 바뀌었지요. 자본주의가 전 지구화되고, 그것을 분석하거나 대책을 마련하고자 하는 지식인의 현실 분석 파악, 이런 것이 상당히 지체됐던 것 같습니다.

제가 마르크스와 푸코를 비교해봤습니다만, 자본주의 초기나 중기에는 자산 권력이 막강하지만, 뒤로 갈수록 지식 권력이 중요해집니다. 자본의 이윤을 극대화하기 위해서 변화된 시스템을 통치하고 관리해야 하기 때문이지요. 한국에서 민주노총이 가진 위상이나 진보적 지식이라는 것도 그렇습니다. 변화된 생산 조건과 권력관계에 대한 전 지구적인 통찰 없이 과거의 이론이나 정치 운동의 틀을 가지고 바라보면 정말 편파적이고 시대착오적이 될 수 있다는 것입니다.

전 지구적인 권력관계의 재편과 그것을 우리가 어떤 이론적·개념적 틀로 포착할 수 있는지, 지식 권력이 어떻게 새롭게 형성되고 있는지에 대한 하나의 캐리커처caricature를 제시하고 있는 것 같습니다. 그래서 바우만 본인도 마르크시스트로, 사회주의자로 죽겠다고 이야기한 것이겠지요. 바우만이 쓴 글들을 보면 자기가 생각하는 사회주의가 어떤 것인가를 이야기합니다. 자기가 믿는 유동적 현대에서 공산주의를 과거와 같은 방식이나 국가 정책으로 하고자 하는 것이 얼마나 시대착오적이고 말도 안 되는 발상인가를 이야기하면서 그것이 왜 실패했는지를 통절하게 반성하게 합니다.

모든 자본주의 국가가 선진 자본주의일수록 그런 강령들을 받아들이고 정책을 펼칩니다. 많은 국가에서 복지국가라는 형태를 띠고 확산되고 수용됐기에 상대적으로 이런 모델이 무너질 수밖에 없었던 것입니다. 좌파이면서도 자기반성보다는 자기기만을 하는 경우가 많은데 바우만은 현실 사회주의가 왜 실패했는가에 대해 좀 더 근본적인 성찰을 해야 한다고 말합니다. 한 지역이나 국가를 놓고 보면 생산 조건이 리퀴드해졌다고 할 수 있지만, 전 지구적으로는 여전히 자본주의 체제가 계속 작동하고 있습니다. 그것과 관련해 국가나 지역 단위에서 어떻게 대응할 것인가에 대한 통찰은 있지만, 어떤 하나의 프로그램으로 제시하진 않았습니다. 제시할 수도 없었던 것 같고요. 다만, 바우만이 굉장한 통찰을 던져주는 건 사실인 것 같습니다.

정수복 여기서 바우만이 영국의 좌파, 특히 노동당과 어떤 관계를 맺고 있는지에 대한 문제를 한번 짚고 넘어가야 할 것 같습니다. 한국에 알려진 영국의 사회학자 가운데 가장 유명한 사람이 앤서니 기든스인데, 영국 사회학자 사이에서 기든스보다 존경받는 사람이 바우만이라고 합니다. 기든스는 제3의 길을 제시해서 노동당의 전통

노동 세력을 약화시키고 새로운 개혁을 만들려고 했었는데, 바우만은 노동당과의 관계에서 어떤 입장이었는지 궁금합니다.

임지현 제가 리즈에서 바우만을 인터뷰하고 셰필드에 있는 노동사가 집에서 자는데 리즈에 바우만이 들어와 있다는 소식을 들었습니다. 그런데 이 사람의 첫 반응이 "그런 변절자하고 만났냐?"였습니다. 사실 제가 볼 때는 영국의 노동당 주류나 영국 좌파 주류에서 바우만이 환영받았는지 모르겠습니다. 그 노동사가 꽤 유명한 사람이거든요. 셰필드에서 노동자들에게 자기 공장의 역사를 쓰게 하는 노동사 프로그램도 여는 굉장히 유명한 역사가입니다. 그가 "그런 배신자(레니게이드)하고"라고 말하는 것을 보면서 속으로 '여기도 좌파 그룹 반응은 한국과 비슷하구나'라고 느꼈습니다.

바우만을 바라보는 다양한 시각

정수복 사회학자들을 포함한 영국의 지성계 내에서 바우만의 위치는 어떤가요?『현대성과 홀로코스트』이후에 베스트셀러 저자가 되고 '유동하는 근대성' 개념을 널리 알린 세계적인 학자로 성장했는데, 정작 리즈대학에 있을 때는 별로 유명하지 않았거든요. 바우만이 영국 학계나 지식인 사회에서 어느 정도 영향력이 있었는지 궁금합니다.

그가 널리 알려진 것은 1990년대부터 2000년대로 은퇴한 이후입니다. 영국의 지성계나 노동계, 개혁 세력에게 현실적으로 어떤 영향력이 있을까요? 또 달라진 모더니티의 조건 속에서 소비주의나 이데올로기 조작에 현혹되지 않고 어떻게 주체적으로 살아갈 수 있는지를 자신의 책을 통해 가르치는 일반적인 사상가인지 아니면 어떤 조직적인 운동과 관련되는지도 궁금합니다.

임지현 조직적인 운동과는 관련이 없다고 봅니다. 가령 바우만이 어느 노동당 집회에 초청받아 강연했다거나 하는 이야기를 들은 적이 없습니다.

정수복 제가 아는 영국에서 공부한 사회학자에 따르면, 2000년대에 들어와서 기든스보다 바우만을 존경하는 사람이 많아졌다고 합니다.

임지현 직업적인 사회학자들 사이에서 그런 건지, 아니면 일반 지성인들 사이에서의 영향력인지는 따져봐야 할 것 같습니다.

정수복 우리나라에서도 이렇게 떠드는데, 미국에서는 바우만의 영향력이 어느 정도인지 모르겠습니다. 프랑스에서는 별로 이야기하지 않거든요. 독일도 모르겠어요. 그리고 우리나라에 번역된 바우만의 글들에 한국적인 적합성이 얼마나 있을까요? 사실은 한국에서 그의 책이 굉장히 오해돼서 읽히고 있거든요.

정일준 오해라기보다는 수용하는 맥락이 다른 것 같습니다. 예컨대 예전에 암 치료에서 칵테일 요법이라는 것이 나왔는데, 환자에게 좋다는 치료법은 몽땅 섞어서 다 하는 것입니다. 바우만에 대해 혹평하는 사람들은 바우만의 상표라고 할 수 있는 것은 리퀴드 시리즈 말고는 없다고 말합니다. 그냥 다 절충주의고 이것저것 끌어다가 이야기한다는 것이지요.

그런데 마르크스도 계급이나 계급투쟁이라는 것을 자기가 발명한 것이 아니잖아요. 그것을 적용해서 사람들로 하여금 그런 현실을 깨닫게 한 것이지요. 그런 점에서 보면 굉장한 계몽 효과를 거두고 있기 때문에 영향력이 크다는 건 부인할 수 없습니다.

정수복 『사회학의 쓸모』나 『사회학적으로 생각하기』(서울경제경영, 2011)를 보면 바우만은 정체성을 잃지 않았던 것으로 보입니다. 사

바우만은 정체성을 잃지 않았습니다. 사회사상가라고 할 수 있지만, 사회학자로서의 정체성은 계속 지켰단 말이지요.

정수복 사회학자, 작가

회사상가라고 할 수 있지만, 사회학자로서의 정체성은 계속 지켰단 말이지요.

정일준 부라보이가 이야기하는 공공사회학public sociology을 보면 전문 사회학자로 있었을 때는 별로 인정을 받지 못하다가 대중과 소통하기 시작하면서 성공한 사례로 보입니다. 전문 사회학자들이 기든스와 비교했을 때 바우만이 좀 더 낫지 않냐는 이야기를 하는데요. 제가 추측하기로는 기든스는 공공사회학자의 길을 걷다가 정책사회학자policy sociologist로 블레어의 브레인이 되면서 노동당 정책을 어떻게 할 것인가를 고민했고 '제3의 길'도 그 과정에서 나온 것입니다.

범진보, 범좌파 진영에서는 그런 식의 행보를 보이는 사람을 별로 좋아하지 않지요. 약간 퇴색했다는 평을 얻었을 것 같고요. 바우만은 놀랍게도 말년에 훨씬 유연해지고 넓어지면서 다 포괄하지 않습니까.

정수복 1990년대에서 2000년대 들어서서 그렇게 되지요.

정일준 글쓰기가 폭발한 것인데, 이것이 어떻게 가능했을까요? 현실의 흐름을 지속적으로 쭉 관찰하고 어디 하나의 사상적인 입장이나 지엽적인 것에 얽매이지 않고 말이지요.

정수복 이방인이라는 존재 조건이 작용했지요.

정일준 이방인의 시각을 확보하기란 사실 무척 어렵습니다. 제가 이번에 최문환 선생님의 사회학을 쓰면서 한국 사회학이라는 것이 무엇인지 고민했습니다. 가령 중국에 나가 있는 한국 기업도 분석해야 하고, 한국에서 일하는 중국 노동자도 분석해야 합니다. 그러나 그런 것을 한국 사회학이라고 하지는 않습니다. 그럼 한국에 들어와 있는 외국계 기업들을 분석하느냐? 그런 것도 아니고요. 그래서 이제 와서야 한국 사회과학의 외연과 내포를 고민하게 되는 것입니다. 1970~1980년대만 해도 사회과학의 토착화와 같은 이야기를 했는데 말이지요.

정수복 외국 것을 가져다가 우리 것으로 만든 것이지요.

정일준 지금은 지구화로 인해 외국 것이 들어오기도 하지만, 한국 것이 외부로 나가는 경우가 더 많습니다. 고려대도 교환학생 프로그램이 많습니다만, 최근에는 외국으로 나가는 학생보다 한국으로 들어오는 학생이 더 많습니다. 학부에 들어오는 학생들은 교환학생을 제외하고 한국으로 완전히 유학 오는 학생이 5천 명이 넘습니다. 유럽 여러 국가들과 미국, 캐나다에서도 오고요, 남미와 중동, 인도에서도 옵니다. 대학 시스템도 지구적 위계가 생기니까 이런 현상이 나타나는 것입니다.

임지현 아무래도 한류 영향이 없지 않을 것 같습니다.

정수복 한국에 대한 진지한 관심보다는 K-POP이나 한국영화 등 대중문화에 심취해서 유학 오는 학생이 많은 것 같습니다.

정일준 우리는 구한말부터 세계화에 관해 말하면 항상 누군가에게 당하는 이야기뿐이었습니다. 우리 스스로 피해 의식에 사로잡혀 있었는데, 이제는 세계에서 대한민국의 위치가 많이 바뀌었지 않습니까. 물론 인구 전체가 다 함께 상승이동 하는 건 아닙니다만, 그러다 보니까 다양한 사건들이나 현상들을 접하게 됩니다.
  자산 권력과 지식 권력을 말하는 것이 오히려 과거에는 진보적이었는지도 모릅니다. 그러나 지금은 개별 지식인이건 학계건 정말 빠르게 변화하는 현실을 따라잡지 못하고 있습니다. 그것은 미 제국주의 때문도 아니고 신자유주의 때문도 아니지요. 연구자 개개인의 지적인 게으름과 그런 현실을 따라잡지 못하는 연구 시스템 때문입니다. 이건 남 탓을 할 문제는 아닌 것 같습니다. 지금 한국 사회는 큰 그림을 그리면서 남북한을 포함해서 동북아시아 전체를 봐야 합니다. 바우만 책을 많이 읽다 보니까 그가 유대인이고 뒤로 갈수록 〈구약〉, 〈신약〉에 대해 깊은 이해가 있는 것 같더라고요.

사회주의자로 죽겠다고 말은 했지만, 사실 최근 10년 동안 나온 바우만의 글을 보면 종말론적인 사고방식이 굉장히 많이 작동하고 있습니다. 하나의 전체로서 인간의 조건이 있고 앞으로 어떻게 갈 것이라는 방향을 어렴풋이나마 가늠할 수 있으면 그 안에서 내가 무엇을 할 것인가도 자리매김을 할 수 있을 것입니다.

종말론적 시각이라는 건 미래에서 거꾸로 현재로 접어드는 것이기 때문에 그런 관점에서 보면 리퀴드하다는 게 굉장히 많은 선택지나 자유 공간이 열렸다는 것이기도 합니다. 그러나 다른 한편으로는 어떤 선택을 하든지 엄중한 책임이 따르고 시간이 지나면 결국 후회할 수밖에 없습니다.

그런 조건 속에서 사회주의자로 남았다고 해도 미래에 대한 희망을 여전히 버리지는 않지만 어떤 하나의 정치적이고 지적인 프로그램을 제시할 수는 없는 것입니다. 그걸 제시하는 순간 누구든지 다 거짓말쟁이가 되어버리지요. 하지만 끊임없이 예언자의 역할을 계속할 수밖에 없는 그런 위치에 있었던 것 같습니다.

한국 사람들이 바우만 책을 많이 읽는 이유에 대한 하나의 가설입니다만, 우리나라에 다양한 형태의 기독교가 있는데, 사실은 기독교 교리가 많이 대중화되어 있거든요. 그것을 다른 방식으로 사회나 역사, 인간 조건에 대한 분석까지 결합시킨 것이 바우만의 저작들이 아닌가 싶습니다.

정수복 제가 다니는 교회 목사님도 설교를 하면서 바우만 이야기를 한 적이 있습니다.

정일준 바우만이 하는 이야기들은 어떤 상황에서든 응용할 수 있고 마치 사회학자가 아닌 멘토가 전하는 메시지처럼 느껴집니다.

임지현 문명비평가적인 부분이 있지요.

정일준 굉장히 종말론적인 언급들이 많습니다. "내가 너희를 유토피아로 데려다줄게. 내가 이런 프로그램을 제시하는데 여기 붙으면 좀 더 나은 세상이 되고 행복해질 거야" 이런 이야기를 안 합니다. 조건이 바뀌었기 때문에 못 하는 거지요.

그리고 독자들이 바우만을 오해하고 있다기보다 자신의 삶에서 나름대로 바우만의 메시지를 해석하고 소화하고 있는 것 같습니다. 어떻게 보면 '수취인 불명'처럼 느껴지기도 하지만, 또 한편으로 보면 조건이 정말 다양하고 개인이 처한 상황이 다르기 때문에 그런 것들이 두터운 독자층을 형성한다고 봅니다.

저는 사회학자로서 한국 사회가 '한국적인 것'이라고 이야기하는 구성 요소들이 이질화되고 다양화되었는데, 뭔가 한국적인 것을 계속 찾으려고 하는 움직임을 보면서 자괴감을 느낍니다. 조금 전에 한류를 언급하셨는데, 요즘 아이돌 음악을 보면 거기에 무슨 한국적인 요소가 있는가 묻고 싶습니다. 그 음악은 다른 나라의 음악 전통에서 나온 음계고 리듬이며 춤인데, 한국인들이 하니까 한류라고 이야기하지 않습니까. 음악에서는 이렇게 한류를 만들고 있는데 사회과학에서는 아직 그 단계까지 이르지 못했네요.

임지현 폴란드 사회학계에서 바우만의 영향력은 굉장한 것 같습니다. 우선 바르샤바대학에 있을 때 사람을 키웠습니다. 지금 70살쯤 된 사회학자들을 보면 대부분 바우만에게 가르침을 받은 사람들입니다. 또 예전에 마르크시즘이나 심층주의에 빠져 있던 사회학 하는 젊은 친구들이 '유러피언 네트워크 리멤버렌스 앤드 솔리데리티 European network remembrance and solidarity' 이런 것들을 다 주도하는데 이들의 지도교수가 바우만의 제자들입니다.

나이 든 세대는 바우만에 대해서 '이 사람이 학자냐?'라는 냉소적인 반응을 보이는 반면, 젊은 사회학자들은 바우만을 존경하는 것 같습니다. 바우만이 폴란드에 강연을 자주 오기도 했으니까요. 어쨌든 폴란드 사회학계에서는 바우만을 제도적으로 상당히 영향력이 있는 사람이라고 이야기할 수 있을 것 같습니다.

정수복 왜 바우만이 많이 읽히느냐에 대해 사회학적으로 이야기해보 겠습니다. 1970년대 말에 C. 라이트 밀즈의 『사회학적 상상력』과 피 터 L. 버거가 쓴 『사회학에의 초대』를 사람들이 많이 읽었는데, 그 현상이 2010년대에 되풀이되는 것이 아닌가 싶습니다. 그 두 권의 책은 우리가 자유롭게 자신의 뜻대로 살아가고 있다고 생각하지만, 보이지 않는 끈에 의해서 조종당하고 있다는 메시지를 담고 있습니 다. 이것을 버거가 많이 이야기했고요. 그것을 극복하기 위해서는 사회학적 상상력을 가져야 한다는 것이지요. 내가 처한 사회적 조건 이 삶의 방향과 내용, 그 질을 결정하는 부분을 역사와 사회 구조와 연결해보지 않으면 겉으로만 자유로울 뿐 사실은 자유롭지 않은 것 이라며 이것을 '사회학적 상상력'이라고 말했습니다.

바우만의 『사회학적으로 생각하기』나 『사회학의 쓸모』가 전부 그 런 개념으로 되어 있습니다. 특히 소비사회 문제를 많이 분석하고, 우리가 아무 비판적인 의식 없이 불평등을 받아들이고 살아가는 것 에 대해 이야기합니다. 개인이 자신이 처한 사회적인 조건을 의식하 게 하고 그것을 통해서 주체가 되도록 만들어주는 것이지요. 그것을 노동자 계급에 한정 지을 것이 아니라 다양한 직업과 계층의 개인 이 자기 분석을 통해서 주체가 되어야 한다는 것입니다. 그래서 강 령이나 행위 방향, 조직 같은 것을 제시하지 않고 무정형적인 파탄 화된 개인에게 성찰을 촉구하는 글을 후기에 많이 쓰는 것입니다.

그는 드라마나 영화에 나오는 일상생활을 분석하거나 대담도 많이 했습니다. 대담이 쉽거든요. 대담에 관한 책이 많이 나왔고요. 『이것은 일기가 아니다』처럼 일기 형태로 쓰기도 했습니다. 또 편지 형식의 글을 쓴다든지 해서 글쓰기 방식에서도 전통적인 학자들의 방식을 뛰어넘어 굉장히 새로운 형식을 시도합니다. 공공사회학자로서 일반인들에게 접근하는 것입니다. 그래서 일반인들이 느끼고 있는 고독, 우울, 불확정성, 실업, 특히 난민 문제 같은 것들의 사회적 배경과 현상을 분석해주기 때문에 독자층이 늘어났다고 볼 수 있습니다.

임지현 글을 재밌게 잘 쓰는 것도 그 이유 중 하나인 것 같습니다.

정수복 바우만은 사회학자 치고는 글을 잘 쓴다는 평을 받고 있지요.

임지현 그냥 일반 지식인으로서도 바우만의 영어는 굉장히 독특합니다. 한번은 저에게 엽서를 보내준 적이 있는데 정말 시적이었습니다. 아주 짧게 쓰거든요. 어느 날 바우만과 만났을 때 제가 술 한잔 하면서 그의 부인에게 바우만 영어가 굉장히 시적이라고 했더니 "영어를 못해서 그렇지"라고 농담을 하더라고요.

정수복 프랑스에도 에밀 시오랑이라는 루마니아 출신 아포리즘 작가가 있는데 이 사람이 쓰는 프랑스어도 굉장히 독특합니다. 프랑스

작가들과는 다른 문체를 구사하는데 사색적이고 시적인 울림이 있
더라고요.

임지현 루마니아 출신 토도로프도 그렇지요. 저는 여담으로 바우만
에게 두 가지를 크게 배웠다고 이야기합니다.

하나는 영어를 원어민처럼 쓰려고 하는 게 아니라 자신만의 울림
이 있는 방식으로 쓰는 것입니다. 이 사람은 말할 때 슬라브어 악센
트가 굉장히 심한데 마치 일부러 그러는 것처럼 느껴질 정도예요.
발리츠키도 그렇고, 이 사람들이 40년 넘게 산 사람들인데, 제가 볼
때는 어떤 고집이 있어 보입니다.

두 번째는 제가 바우만을 인터뷰했을 때 「세습적 희생자 의식
hereditary victimhood」이라는 그 당시 발표되지 않은 논문을 저에게 주
더라고요. 처음에는 바우만의 세습적 희생자 의식이라는 개념을
탈식민주의 역사 서술에 연결시켜보다가 나중에 희생자 의식 민족
주의victimhood nationalism로까지 연결시킬 수 있겠다고 생각하게 되었
습니다.

폴란드에서 고민했던 폴란드 사회의 문제의식이나 정서 같은 것
들이 알게 모르게 바우만의 글 속에 녹아 있는 것이 아닐까 합니다.
2차대전이나 홀로코스트에 대한 폴란드 사회의 기억 문제 등에 대
해 바우만이 쓴 것을 보면 기가 막히거든요.

저는 1990년대 중반 바우만의 『현대성과 홀로코스트』를 읽기 전
에 2차대전 시기의 홀로코스트에 대해서 폴란드인들이 죄의식을 느

껴야 하는지를 고민했습니다. 폴란드인들의 공범성 혹은 방관자적 지위를 논한 미워시의 시를 둘러싼 논쟁에 대해 쓴 글을 보고 이 사람 글을 참 독특하게 쓴다고 생각했는데, 나중에 알고 봤더니 바우만이었던 것입니다. 1987년에 쓴 글이니까 그때만 해도 별로 알려지지 않았을 때였거든요. 물론 요즘 한국에서 그의 인기는 대단합니다.

정수복 그 인기에 깊은 뜻이 들어가 있는 것인지는 봐야 할 것 같습니다. 폴란드와 한국 사이에 어떤 정서가 통하는 것일지도 모르겠네요.

임지현 바우만 글의 행간 속에 어떤 코드가 있지 않을까 싶습니다.

정수복 그런 정도까지 한국의 번역자들이 번역을 할 수 있을지 모르겠네요.

임지현 문체나 문제의식을 드러내는 방식이 한국에서 통하는 것 같습니다. 그리고 아까도 이야기했지만 리퀴드모더니티나 현실 사회주의를 겪어봤고요. 홀로코스트를 통해서 모더니티라는 것이 얼마나 끔찍할 수 있는지를 봤잖아요.

또 공산주의를 유토피아적으로 기획해서 사회를 만들어가려는 근대적인 사고방식이 얼마나 끔찍한 결과를 가져왔는지도 보았습니다. 19세기 이후에 글로벌모더니티 관점에서 볼 때, 현실 사회주의와 홀로코스트를 자신이 살던 땅에서 겪었고 그가 가졌던 지식인이라는 포지션이 이런 식의 반성이나 성찰을 가능하게 해주었던 것 같습니다.

정수복 바우만은 글쓰기에서도 대화를 굉장히 강조했다고 합니다. 과거 좌파 지식인들처럼 무언가를 분석해서 결론을 내놓고 "다 나를 따르라"고 의식화하는 게 아니라 "나는 결론이 없다. 하지만 나는 이렇게 본다"는 식으로 이야기하는 것이지요. 상대방과 이야기를 주고받으면서 끊임없이 대화를 이어나가는 것이지 어떠한 결론을 내는 글을 쓰지 않는다는 것입니다. 후반으로 가면서 더욱 그렇습니다.

『입법자와 해석자Legislators and Interpreters』는 바우만이 지식인의 사회적 역할에 대해 쓴 책입니다. 아직 한국어로 번역되지는 않았는데 저는 이 책이 바우만의 굉장히 중요한 저서라고 봅니다. 과거에는 입법자처럼 법을 만들어서 선포하고 그것을 따르게 하는 것이 지식인의 역할이었다면 지금은 해석자의 역할을 해야 한다는 것입니다. 다양한 현상이 있으면 그에 대한 해석도 다양하기 때문에 그중에 하나의 해석을 사람들에게 전파하고 대화를 통해서 함께 만들어나가는 거지 위에서 지시하는 게 아니라는 것입니다.

임지현 그 책 자체가 현실 사회주의에 대한 생각에서 나온 것입니다. 종교가 인민의 아편이면 이데올로기는 지식인의 아편이라는 레이몽 아롱의 주장에서 더 진일보된 이야기가 안 나왔었는데,『입법자와 해석자』는 그런 점에서 중요한 책입니다. 한 사람의 지식인으로서 20세기 소용돌이 속에서 이방인으로 경계인으로 살아왔던 그의 역사적 경험이 독특하게 녹아 있고, 그것은 어떤 서유럽 지식인들도 가질 수 없는 경험입니다. 그것이 지금의 바우만을 만들어준 것이 아닐까요.

바우만은 한국에서 어떻게 받아들여지고 있는가

정일준 바우만은 유토피아가 아닌 판토피아^{ubiquitous pantopia}를 이야기합니다. 유토피아에서 '유^u'는 '없다'는 의미인데요. 바우만은 지금 저기 어딘가에 있을지도 모르는 초월적인 유토피아를 이야기하지 않습니다. 지금 여기에서 어디에나 존재하는 판토피아를 이야기하고 있는 것인지도 모릅니다.

또 바우만 책이 한국에서 2013년 한 해에만 7권이 나왔는데, 그의 책이 많이 읽히는 건 좋지만 바우만의 한국 수용에 관해서 한 말씀 드리고 싶습니다. 바우만은 철저한 유물론자고 현실 변화에 대해 폭넓으면서 깊은 이해를 가지고 있습니다. 그의 글에는 현대 사회에 대한 나름의 얼개가 있는데, 그것을 빼고 마치 힐링 도서처럼 읽히는 것은 옳지 않습니다. 따라서 전체적으로 가닥을 잡아주는 것이 중요하다고 생각합니다. 사람들은 어떤 학자나 책이 뜨면 자기 멋대로 수용하려는 태도가 있는 것 같아요.

저는 몇 년 전에 국회에서 마이클 샌델의 책 『정의란 무엇인가』(와이즈베리, 2014)를 가지고 특강을 했습니다. 사람들이 많이 읽으니까 국회의원들도 내용을 알고는 싶은데, 읽을 시간이 없지 않습니까. 철학사로 이야기한 것은 아니었고요. 샌델이 예로 드는 것들이 전부 미국이 세계를 통치하면서 나오는 이야기여서 이걸 철학책으로 생각하면 오독이라고 말했습니다. 사실 이 책은 일반인이 아닌 하버드대 학생들을 대상으로 쓴 것인데요. 앞으로 장래 미국과 세계의 지도자가 될 학생들에게 '네가 이런 상황에 처하면 어떻게 판단할 것이냐? 어떤 선택을 할 것이냐?'에 대한 기준을 제시하는 책입니다. 철학책이 아니라 정치 지도자들을 위한 실전교범인 것이지요.

임지현 매너 교육법이네요.

정일준 그래서 저는 강연에서 "이 책이 한국에서 인기가 있는 것이 이해가 되지 않는다. 한국에서 세계적인 지도자를 키우려고 하는 것도 아니고, 일종의 지적인 헤게모니인데 아무 생각 없이 받아들이면 굉장히 위험하다"고 말했습니다.

미국은 옛날처럼 영토적으로 지배하는 것이 아니라 아이디어^{idea}와 제도^{institution}로 지배하고 한국이 미국화되었다는 이야기를 했더니 한 번 더 강연해달라고 요청하더군요. 그래서 미 제국의 통치방식에 대해서 쭉 이야기했습니다. 대여섯 명이 식사하면서 이야기하는 자리인 줄 알고 갔는데, 소장파 국회의원 20여 명이 왔더라고요. 쭉 둘러앉아서 이야기를 했습니다.

정수복 모르면 촌스러우니까 교양을 위해서 하는 거지요.

정일준 내용을 이해한다는 것은 그 자체로 세계관을 바꾸는 것일 수도 있고, 세상에 대한 새로운 인식을 주입하는 것일 수도 있으니 그냥 한번 들어나 보자는 것은 잘못된 태도인 것 같습니다. 어쨌든 바우만의 책을 많은 사람이 읽기 때문에 약간의 맥락을 잡아둘 필요가 있다는 생각이 들고요. 그가 생각하는 유동적 현대라는 것이 자기 멋대로다, 완전히 파편화되었다는 이야기를 하는 것이 아닙니다. 이 안에도 엄격한 질서가 있는데, 그 질서가 옛날처럼 관료 조직이나 정부, 법으로 오지 않고 내밀하고 완전히 육화된 행동 양식, 사고방식으로 나타난다는 것입니다. 어떻게 보면 훨씬 더 무서운 통치일 수도 있습니다.

임지현 그런 면에서 푸코주의적인 게 있습니다. 그런데 바우만이 푸코를 인용한 것은 거의 못 본 것 같아요.

정일준 인용을 안 하지요. 권력관계power relation에 대한 인식을 공유하고 있는 것 같습니다. 그 이야기를 안 하면 삶의 철학이나 처세술처럼 보일 수 있을 것 같고요. 그런 관점으로 신문 같은 데서도 바우만의 책에 대해 말할 때 그를 '대중철학자' 또는 '힐링', '멘토'와 같은 키워드로 많이 소개하고 있습니다. 사실은 훨씬 진지하고 고민이 깊고 넓은 사람인데, 이상하게 소비되는 것 같아 안타깝습니다.

정수복 이 책 제목이 『지그문트 바우만을 읽는 시간』이잖아요. 그 전에 사실은 바우만의 책을 어떻게 읽을 것인가에 대해 한국인 저자가 쓴 책이 나왔어야 한다고 생각합니다. 그것을 읽은 다음 바우만의 개별적인 책 출간의 의미를 파악해서 이 책을 읽어야 하는데, 이것을 잘 아는 학자로서 우리가 책임을 다하지 못한 것 같습니다. 단지 인기에 편승해서 출판사나 독자나 중구난방으로 바우만의 책을 소비할 뿐이지 학문적으로 바우만이 가지는 의미는 수용하지 못했다는 거예요.

제가 또 하나 이야기하고 싶은 것은 '이론이 여행을 한다, 외국 사상이 여행을 한다'는 말이 있습니다. 수용에 관한 이야기인데요. 들뢰즈, 바우만, 푸코와 같은 프랑스 이론가들이 어떻게 한국에 유입되었냐면 우선 프랑스 이론은 대부분 미국에서 먼저 수용했습니다. 미국이 스스로 진보적인 이론을 만들어내지 못하기 때문에 프랑스 것을 대신 가져다 쓰면서 나름대로 미국화한 것이지요. 그래서 우리나라의 프랑스 이론들은 대부분 미국을 거쳐서 들어온 경우가 많습니다. 미국화된 프랑스 이론을 우리가 가져다 쓰는 것입니다.

바우만의 경우는 우리가 직접 수용하긴 했지만 과연 제대로 수용되고 있느냐, 그리고 이것들이 가지고 있는 여러 문제를 우리가 어떻게 수용할 것인가에 대해 생각해볼 필요가 있습니다. 바우만 붐이 왜 일어났는가? 출판 현상이긴 하지만, 독자들의 요구와 맞아떨어졌기 때문이지요. 이것은 유동적인 것입니다. 청년 실업률이 높아지고, 정년퇴직이 빨라졌습니다. 한국 사회가 2000년대에 들어서면서 사람들이 굉장히 위기의식을 많이 느끼고 불안해졌잖아요. 국가나 직장의 사회보장제도는 잘 되어 있지 않고, 개인에게 책임을 떠넘기는 신자유주의 사회가 되니까 그런 담론들이 맞아떨어지면서 바우만 붐이 일어난 것입니다.

바우만의 의식은 우리가 누차 이야기했다시피 유럽적인 상황에서 좌파 유대인 지식인으로서의 체험입니다. 우리는 동아시아와 한반도라는 특정한 상황에 놓여 있기 때문에 여기에 굉장히 많은 영향을 받습니다. 그러나 세계적인 현상을 다루고 있는 바우만의 책이 우리 상황을 어느 정도 설명은 해주지만, 깊은 수준까지는 설명하지 못해서 답답합니다. 한국적인 특수성, 역사적인 차원이 있는 것입니다. 조선시대의 역사가 있고, 식민지시대 역사가 있고, 분단과 군정시대 역사가 있고, 유신시대 역사가 있습니다. 그리고 지금의 민주화 운동 역사가 있는데, 그런 것들이 모두 빠져 있습니다. 세계화된 현상에서 파편화된 개인이 겪는 불안을 유동하는 액체근대로 설명해주는데, 한국적인 상황에 대한 분석이 빠졌기 때문에 저는 바우만 책이 항상 답답합니다.

임지현 그건 바우만에게 기대하면 안 되는 것 아닐까요.

정수복 그래서 저는 한국 사회학자들의 책임이라고 말합니다. 우리도 사회학자나 역사학자가 바우만처럼 대중과의 소통과 글쓰기를 통해서 우리가 겪는 한국적인 문제를 이야기해야 합니다. 한국적인 역사와 사회의식을 가지고 사회학적인 분석을 통해 영국이나 미국 사람도 읽을 수 있는 사회과학을 해야 합니다. 따라서 바우만을 읽기만 할 것이 아니라 넘어서야 합니다. 우리를 우리 스스로 설명해야 하는 것이지요. 이것은 한국 사회학자의 책임이고 그들이 쓴 책

가운데 바우만 책만큼 팔린 책이 없는 것은 수치라고 봅니다.

임지현 글로벌 지성사에서 키워드가 바뀌고 있는데요. 예전에는 아이디어나 문화가 한 곳에서 다른 곳으로 전이되는 과정을 봤잖아요. 바우만의 생각이 어떻게 수용되고 전이되었는가 하는 것이지요. 그러나 요즘은 문화적 전이에서 상호작용으로 관심이 바뀌었습니다. 전이는 한 쪽에서 다른 쪽으로 일방적으로 흐르는 거잖아요. 상호작용을 강조한다는 것은 특정 이론이나 사상이 그대로 이식되는 것이 아니라, 그 이론이나 사상을 만들어낸 생산자와 다른 위치, 역사적 맥락에서 그 이론과 사상을 받아들이는 수용자의 상호작용을 통해 본래의 사상 자체에도 변화를 가져온다는 것이지요. 그러니까 수용자만 바뀌는 것이 아니라 생산자도 바뀌는 겁니다. 실질적으로 역사를 보면 사상이나 문화의 상호작용이 훨씬 많았던 거 같습니다. 단지 우리가 자주 접하는 자료가 일방적이기 때문에 전이라고만 생각했던 것이지요. 아마 바우만을 한국에서 수용하는 과정에서도 상호작용이 이미 일어나고 있고, 그런 조짐들이 있을 것으로 보입니다. 그런 상호작용을 우리가 못 보는 게 아닌가 싶기도 하고요.

정수복 개인적인 독자 수준에서는 일어날 수 있지만 어떤 식으로 일어나는지는 불투명합니다. 독자들이 책을 어떻게 읽고 어떻게 수용하는가에 대한 연구도 이번 기회에 바우만 사례를 가지고 해볼 수 있습니다.

1990년대 마르크시즘이 붕괴한 이후 우리나라에서 외국의 진보적 사상가와 이론이 수용되어서 바우만 못지않게 많이 번역되고 팔렸는데, 독자들이 어떻게 수용해서 자신의 생활을 어떻게 바꾸고 있는지에 관한 연구가 필요합니다.

임지현 한국에 번역된 바우만의 책 중에 제일 많이 팔린 게 무엇인가요?

장동석 『고독을 잃어버린 시간』 정도가 아닐까 싶습니다. 그것이 바우만에 대한 관심을 촉발한 책일 수도 있다는 생각이 듭니다. 바우만이 경계했던 파편화된 이론들이 결국 지금 한국 사회에서 고스란히 적용되고 있거든요. 저는 서평가로서 한 줄 인용하는 것을 반성하고 있는데요. 『왜 우리는 불평등을 감수하는가?』를 보면 "현재 심화되고 있는 불평등의 가장 큰 피해자는 민주주의다"라는 문장이 나옵니다. 그 문장 하나로 바우만 이론들을 그냥 접목하는 것이지요. 그 파편화된 기록들을 요즘 독자들은 자신이 감동한 문장이라면서 줄도 긋지 않고 카메라로 찍어서 올리거든요. 이런 식으로 바우만도 소비되고 있습니다.

정일준 지금 그 말씀을 들으니까 얼마 전에 〈뉴욕 타임스〉에서 본 내용이 기억납니다. 미국 교사들과 학부형들이 초중고 학생들에게 손으로 글을 쓰게 했는데 엄청난 효과가 나타났다고 합니다. 컴퓨터로 글을 쓰면 눈을 통해 들어오고 손을 통해 바로 나가버려서 뇌에 저장이 안 된다고 합니다. 그런데 손으로 쓰면 뇌에 자극을 줘서 기억에 남는다고 하네요. 마찬가지로 컴퓨터로 글을 읽으면 굉장히 많은 정보를 본 것 같지만 컴퓨터를 끄는 순간 남는 것이 없답니다. 독서를 통해서 자아가 형성되는 과정이 없는 거예요.

임지현 작년인가 독일에서 열린 콘퍼런스에 참석했는데, 스웨덴 박사과정 여학생 한 명이 왔습니다. 아침에 식사하면서 지도교수가 그 학생에게 "오늘 신문 봤냐?"고 물었더니 돌아오는 대답이 "아직 컴퓨터를 안 켰습니다"예요. 신문 보는 방식도 완전 달라졌습니다. 요즘 사람들은 컴퓨터로 뉴스를 보니까요.

정일준 지금 〈조선일보〉의 영향력이 많이 떨어진 이유 중 하나가 편집이 효과를 발휘하지 못하기 때문인 것 같습니다. 이제는 종이 신문을 안 보고 인터넷으로 보니까 영향력이 떨어진 것이지요.

정수복 프랑스에서도 초등학교 학생들에게 손으로 글씨 쓰는 것을 가르쳤는데 요즘은 아이들이 주로 컴퓨터로 글을 쓰니까 손으로 쓰라고 하면 못 쓴다고 합니다. 자기 이름도 컴퓨터 자판을 가져다 줘야 쓸 수 있다고 합니다.

정일준 이게 비판이 될지는 모르겠는데, 바우만이 하도 많은 글을 쓰다 보니까 비슷한 글을 반복합니다. 또 몇몇 예를 들고 있는 것들이 좀 받아들이기 어려운 부분도 있습니다. 예컨대 『현대성과 홀로코스트』에 대한 사회학자나 역사학자의 평이 있습니다. 2차 대전이라는 전시 조건에서 처음에는 유대인을 다른 곳으로 실어 보내다가, 전선이 급속히 확대되어서 유럽 전역을 점령하다 보니 학살에 이르게 되었다는 것입니다. 그것도 좀 같이 새겨봐야 할 거 같습니다.

정수복 제프리 알렉산더라는 예일대학 사회학과 교수도 『Remembering the Holocaust』라는 홀로코스트에 대한 책을 하나 썼습니다. 한국 학자가 한국적인 문제의식을 가지고 쓴 홀로코스트에 관한 책도 하나쯤은 나와야 한다고 봅니다.

임지현 한국 사회의 관점에서 볼 때, 가장 큰 가능성은 탈식민주의적 관점에서 홀로코스트를 재해석하는 것이겠지요. 바우만 책에는 그러한 관점이 빠져 있습니다. 지금 홀로코스트 연구에서 제가 볼 때 중요한 핵심 중 하나는 식민주의적 폭력의 연장선상에서 탈식민주의적 맥락으로 홀로코스트를 다시 읽는 것입니다. 최근에는 그런 연구가 조금씩 확대되는 추세예요.

정수복 바우만의 저서가 60권 정도 된다고 합니다. 그중에서 후반부에 쓴 책들은 대중적인 것이고, 전반부에는 중요한 의미를 담은 책들이 많습니다. 그러나 출판사들은 대부분 여러 사람이 쉽게 읽을 수 있고 많이 팔 수 있는 책을 번역해서 출판하려고 합니다. 아까 말한 『입법자와 해석자』라는 책은 아직도 한국에서 번역이 안 되고 있습니다. 바우만의 진상을 알려면 이 책을 읽어야 하는데, 이것을 누가 할 것이냐? 저는 대학 출판사 같은 곳에서 해야 한다고 봅니다. 학문적인 업적을 내야 하는 대학 출판사가 해야 하는데, 이게 안 되면 어디서 메울 것이냐? 그런 문제를 제기할 수 있을 것 같습니다.

장동석 이제는 좌담 내용을 정리하고 마무리할까 합니다. 한마디씩 부탁드립니다.

정일준 저는 왜 자꾸 직접 책을 쓰지 않고 번역을 하느냐고 주위에서 핀잔을 많이 듣습니다. 우리가 한국 사회 안에 있다 보면 오히려 한국의 독특한 측면을 잘 보지 못하는 것 같습니다. 어느 한 장소에 있다 보니까 그렇겠지요. 그런 점에서 바우만의 위치는 매우 독특합니다. 이중, 삼중으로 뿌리 뽑힌 자로서, 이방인으로서 나름의 지적인 뿌리와 네트워크는 가지고 있지만, 완전히 뿌리내리거나 일부가 되어버리지 않습니다. 자신이 머물고 있는 사회에서 계속 긴장과 거리를 유지했다는 게 중요한 것 같습니다. 한국에서는 관계를 유지하면서 거리를 유지하기가 참 어렵습니다. 한국에 있으면 어렵고, 밖으로 나가면 더 어렵고요. 모든 관계가 빨리 변하기 때문입니다. 그래서 바우만 책을 번역하는 것도 중요하지만, 바우만과 같은 시각에서 한국 사회를 분석한다면 어떤 주제를 어떤 방식으로 다룰 것인가

장동석 출판평론가

하는 것이 앞으로 생각해봐야 할 지점이 아닌가 싶습니다. 저도 번역하고 싶은 바우만 책이 있어서 판권을 알아봤는데 이미 다 팔렸다고 해서 놀랐어요. 국내에서 바우만의 인기가 엄청나다는 것을 실감했습니다.

시장 논리나 국제정치, 군사적 논리가 이미 개인과 국가 이익을 넘어섰습니다. 사드^{THAAD} 배치하는 것을 봐도 그렇고요. 현실을 이루는 한 중요한 구성 요소로 평소에는 우리가 잘 경험할 수 없으니까 그냥 없는 것처럼 느끼는 건데, 그렇지 않습니다. 제가 바우만의 인식론적인 측면에 대한 이야기를 많이 했는데요. 사실은 바우만의 존재론이랄까요. 바우만이 생각하는 현 사회의 권력관계가 좀 더 강조되어야 하는 것이 아닌가 싶습니다.

정수복 저도 마지막으로 한마디하겠습니다. 바우만이 1925년생인데 제가 프랑스에서 공부할 때 지도교수였던 알랭 투렌 교수도 1925년생으로 둘이 동갑입니다. 그리고 이 두 분이 2010년에 유럽 사상을 대표하는 학자들에게 주는 아스투리아스^Asturias 상을 공동수상했습니다.

그런데 투렌에 대해서는 한국에서 저를 포함해 몇 사람 빼고 거의 거론하지 않는데, 바우만에 대해서는 많이 이야기한단 말이에요. 프랑스에서는 투렌의 책이 많이 읽히고 널리 알려진 학자거든요. 외국 학자들이 한국에 들어왔을 때, 우리가 이것을 어떻게 수용하고 해석하고 심화시키고 그다음 단계로 넘어가는가? 푸코도 들어왔고, 지젝도 들어왔고, 바우만도 들어오고 다 들어오는데 일시적인 소비로 끝나는 것이 아니라 매듭을 짓고 넘어가는 작업이 필요합니다. 그래서 이번 책에서 바우만의 책 열아홉 권에 대한 서평을 받고, 이러한 좌담을 연 것이 큰 의미 있는 작업이라고 생각합니다.

마지막으로 투렌 교수는 자신이 사는 사회를 잘 이해하려면 최소한 세 개의 사회를 알아야 한다고 저에게 가르쳐 주셨습니다. 저도 후학들에게 자주 하는 이야기입니다만, '일단 자기가 태어난 사회를 잘 알아야 한다. 그 다음에 자기가 태어난 사회와 가장 다른 멀리 있는 사회를 하나 알아야 한다. 마지막으로 자기 옆에 붙어 있고 자기와 비슷한 사회를 하나 알아야 한다'는 것입니다. 그래서 저는 개인적으로 한국, 프랑스, 일본이라는 세 나라에 관심을 가지고 공부하고 있습니다. 한국의 사회과학자들이 균형을 가지려면 최소한 서로 다른 세 개의 사회에 지속적으로 관심을 가지면서 비교할 수 있는 시각을 갖추어야 한다는 말씀을 드리고 싶습니다.

장동석 오늘 좌담에 참석해 주셔서 고맙습니다. 잘 정리해서 좋은 책으로 만들도록 하겠습니다.

4.
바우만의
현대 사회 문화비판과
한국 문화예술 상황

바우만의 현대 사회 문화비판과
한국 문화예술 상황

⊙ 강수미(동덕여대 회화과 교수)

한 사회학자가 현대 사회의 속성을 연구하며 고삐 풀린 신자유주의 시장경제, 글로벌 자본주의의 탈규제와 무한경쟁을 분석한다. 또 권력과 정치의 분리로 인한 사회적 양극화 및 새로운 사회 위계로 인한 극단적 갈등과 공포를 논평한다. 하지만 그 연구는 전 세계 금융계를 휘젓는 유동자본이 얼마인지, 전 세계가 자유무역시장을 위해 어떤 규제 조항들을 철폐하거나 완화했는지 그 수치 혹은 사실들에 한정되지 않는다. 2000년대에 들어와서 급격해진 빈부 격차 변동 그래프나 실업률 비교표, 지역별 테러 발생 분포도 같은 것을 독자 코앞에 들이미는 일 또한 하지 않는다. 대신 그 사회학자는 이탈로 칼비노의 1972년 작 『보이지 않는 도시들』 속 가상도시를 언급한다. 그리고 50여 년이 지난 지금 이곳의 우리에게 소설의 허구가 얼마나 낯익고도 섬뜩한 현실이 되었는지 생각하게 한다. 이를테면 어제의 쓰레기 위에 오늘의 쓰레기를 쌓으면서도 그 쓰레기땅의 현실은 외면한 채 새로움과 신선함이라는 허공의 이름에 경도되는 이들의 삶 말이다.

나아가 그 학자는 과거의 문학작품 내용이 실제가 된 시대의 문제적 차원, 사회적 변화의 전후 맥락, 눈에 보이지 않는 구조 및 작용인을 구체적 현상들과 엮어 서술한다. 분과 학문을 고수하는 어떤 이는 이를 두고 사회학이 문학적 글쓰기에 경사되었다거나, 철학적 논의나 예술 담론에 그쳐야 할 것을 객관적 사실로 강요한다고 마뜩잖아할지 모른다. 하지만 그러한 특유의 서술과 논법을 통해 그 사회학자는 여느 논문이 짚기 어려운 동시대의 근성, 사회적 속성, 현대적 인간과 문화의 상태를 적확히 관통할 수 있었다. 그런 그가 정의하는바, 현대 사회의 특성은 '액체'에 비유할 수 있다. 고정된 형태가 없이 어디로든 흐르고 가볍게 넘나들며 경계를 무화하는 것, 그래서 개념적으로는 유동성, 유연성, 불확실성, 불안정성, 무일관성, 이동성 등을 논할 수 있는 것으로서 액체의 시대. 용어 그대로 쓰면 '리퀴드모더니티$^{Liquid\ Modernity}$'다.

열린 해석의 가능성을 확보하다

앞에서 말한 사회학자는 바로 지그문트 바우만이다. 편견일 수 있지만, 사람들은 흔히 사회학 연구라면 조사 통계 그래프나 숫자를 떠올리고 그에 관한 간략한 정보성 해석이 덧붙여지는 보고서를 당연한 것으로 여긴다. 그러나 바우만의 저작들은 풍부한 서술과 변증법적 논리성, 인문학적 구체성이 돋보인다. 국내외 학자는 물론 많은 일반 독자들이 그의 연구를 특정 분과 학문에 고정하지 않고 통찰력 있는 분석과 성찰을 담은 이론으로 이해하는 이유가 거기에 있다.

또 그를 사회학자로서만이 아니라 철학자, 인문학자, 사상가 등의 명칭으로 넓게 수용하는 데서 보듯 바우만의 글은 선명한 주장 속에서 의미의 다양성과 열린 해석의 가능성을 확보한다. 사실 한 분야의 전공자로서 정체성 및 전문성을 갖추는 일도 쉽지 않다는 점에서 이러한 바우만의 역량은 특별하다. 그것은 어디서 비롯되었을까? 단언은 곤란하지만, 우리는 그가 쓴 글들을 통해서 유추해볼 수 있을 것이다.

2007년 저널 〈이론, 문화 & 사회〉에 발표한 글 「액체 예술」에서 바우만은 어떤 필터로 보느냐에 따라서 세상은 조금씩 다르게 보인다고 썼다. 그리고 "액체적인 현대 사회를 들여다보기 위해 예술의 문을 이용"(지그문트 바우만, "Liquid Arts", 〈Theory, Culture & Society〉, The TCS Centre, Nottingham Trent University, 2007)하고 싶다는 견해를 피력했다. 바우만은 미학자나 예술 비평가가 아니고, 예술에 관한 글이나 예술론 강연을 주요 활동으로 삼지도 않았다. 그렇기 때문에 특히 예술을 세계와 사회적 현실을 통찰할 인식의 스코프scope 중 하나로 삼았다는 점이 흥미롭다. 그만큼 예술이 일반화된 지식 너머의 유의미하고 독특한 지적 생산성을 갖췄음을 인정한 것 같아서다. 바우만은 그 논문 서두에서 현대미술가 구스타프 메츠거에게 경의를 표하고 그의 말을 인용했다.

메츠거는 바우만과 마찬가지로 폴란드계 유대인이자, 독일에서 영국으로 이주한 작가로 1950년대 후반부터 2017년 타계 전까지(어떤 운명의 질서인지 두 사람은 비슷한 시기에 세상을 떠났다) 근 60여 년간 자기 해체적 조각, 정치 및 언론 비판적 설치미술에 몰두했다. 현대 미술사는 그를 사회참여예술의 선구적 작가로 평가하고, 바우만은 "위대한 아티스트이자 독창적 예술의 철학자"라 칭한다. 그런 메츠거가 "미술은 생성적 현실과 해체적 현실 사이의 아슬아슬한 경계선에 있는 감각과 지식으로부터 발생"(지그문트 바우만, 같은 글)한다고 말했던 것이다. 이로부터 바우만의 지성이, 혹은 더 한정해서 '유동하는 현대'에 관한 그의 비판적 이론이 어디에 발을 딛고 어디로 향했는지 가늠해본다면? 그것은 미네르바의 부엉이처럼 사건이 종결된 이후 날아오르는 사후 지식도 아니고, 예언자처럼 신탁에 의지해 미래를 넘겨짚는 판단도 아닐 것이다.

칼비노의 『보이지 않는 도시들』에 묘사된 레오니아 주민들이 그렇듯이, 집적된 과거는 외면한 채 현장의 생생함만 좇는 눈도 물론 아니다. 그보다는 예술 작업처럼 현실의 구체성으로부터, 경험적 현상들로부터 한 단계 높은 것을 구성해내는 일이다. 그리고 예술 작품처럼 관념에 그치지 않고 사람들이 가슴과 머리로 지각하고 서로 공유할 수 있는 실체적 표현·서술이 되는 것이다.

무한정 재배치되는 유동하는 현대

바우만이 액체적, 또는 유동적이라고 정의하는 현대의 속성은 사회 전반과 시대적 조건 구석구석에 스며들어 있다. 반대로 이야기하면 우리 시대, 우리 사회, 우리 삶의 면면들에서 그러한 성질이 감출 수 없는 징후로 배어 나온다. 그것은 각각으로 분리된 몇몇이 드러내는 특이성이 아니다. 오히려 그 분리된 파편들이 서로 거미줄처럼 엮여서 만들어지고 속속들이 상호 침윤한 동시대의 일반성이다. 이것은 시공간 같은 거대한 차원에서부터 사회 구성원의 생활 방식, 생산 및 소비 행태, 취향, 미적 형식과 제도, 특정 예술작품의 경향까지 광범위하면서 촘촘하다.

바우만에 따르면, 이미 사람들은 동시대 사회 자체를 "'구조'라기보다는 '네트워크', 즉 연속성이 있는 것과 없는 것이 아무렇게나 뒤섞여 본질상 무한정 다시 짜 맞출 수 있는 매트릭스"(『모두스 비벤디』)로 간주한다. 왜냐하면 공동체, 집단, 국가처럼 안전망을 통해 개인을 보호하고 서로의 유대를 떠받치던 것들이 더 이상 신뢰할 수 없고 지속할 수 없게 되었기 때문이다. 또한 상품과 소비, 이윤과 자본만 받아들이는 시장의 전횡 또는 변덕에 모든 것들이 조각나고, 그 조각난 파편들은 막무가내로 녹아내려 일시적이거나 즉흥적으로 혼합되고 끝없이 배치·재배치되는 형편이기 때문이다.

유동하는 현대에 '전체로서의 시간'은 우리의 머리로 상상하기도 어렵고 사용하기에도 별반 이득이 없는 하나의 개념일 뿐이다. 이에 "삶이라는 전체로서의 시간은 '한 번에 하나씩'의 에피소드들로 얇게"(『액체근대』) 저며지는 식으로 처리된다. 단기 기획, 계약직, 임시 고용, 임시 거처, 편집매장, 이벤트, 리얼리티 쇼, 유목생활, 오디션 프로그램 등은 그런 시간관이 육화된 현실이다.

바우만은 글로벌리즘의 최악의 결과는 국내법은 물론 국제협약 등 모든 규제에서 비켜나 있는 비국가 단체들의 전쟁임을 지적하면서, 그 비참한 파생물로 난민 수용소 상황을 이야기했다. 하지만 그의 말은 비단 난민 수용소에 한정되지 않고 견고성과 지속성이 깨져나간 현대 사회 전반의 위태로운 삶에 걸린다. 요컨대 "일시성의 영구성, 일과적인 것의 지속성, 행위의 주관적 결과를 반영하지 않는 객관적 결정, 영원히 규정되지 않는 사회적 역할"(『모두스 비벤디』)이 세계 내 구성원들에게 강제되는 상황인 것이다.

불확실성의 장이 되어버린 문화 예술

유동적 현대의 시간관, 유동적 현대의 생존 조건은 현대 미술계에서도 발견할 수 있다. 많은 사람이 여전히 미술을 그림과 조각에 한정해 단단하고 반영구적인 예술 오브제를 만드는 일로 이해한다. 또 미술사적 계보와 미학적 이념을 따르는 순수조형예술이라고 믿는다. 하지만 실제로 동시대 미술은 한 번에 한 건씩 치르는 전시기획, 지금 여기서만 감상할 수 있는 아트 이벤트, 일시적으로 모이고 해체되는 단기 프로젝트, 전 세계 지역들을 훑으며 떠돌아다니는 예술 유랑단 같은 것이 된 지 꽤 되었다.

전시되지 않으면 작품 자체가 성립하지 않는다. 많은 현대미술작품이 비물질 상태로 일시적으로 존재했다가 스스로 사라진다. 작가, 큐레이터, 비평가 할 것 없이 안에 들어앉아 누가 인정하든 않든 자신만의 예술세계를 고독하게 추구하는 모습은 좋았던 옛날의 낭만적 환영일 뿐이다. 대신 이제는 각종 기획전, 프로젝트, 이벤트에 맞춰 초단기 계약으로 특정 환경에 맞춤인 작업을 수행하며 전 세계를 떠돌아다니는 예술 유목이 우세종이다. 짧게 잡아 20세기 후반부터 현재까지 소위 '컨템포러리 아트contemporary art'라 불리는 현대미술의 실체가 이와 같아졌다.

대표적으로 2년에 한 번씩 열리며 개최 때마다 주제부터 예술 감독까지 얇게 저며진 각각의 단편들로 제시되고 단기간에 조립되어 나오는 비엔날레가 있다. 이것은 기본적으로 100여 개국 이상이 참가하고, 300여 명을 웃도는 다국적 작가의 다종다양한 작업이 수백여 점 전시되는 대규모 현대미술 이벤트다. 이런 비엔날레는 유동적인 현대의 시간관 및 생존법과 조응하는 미술이다(강수미, 「유동하는 예술: 비엔날레 문화와 현대미술의 미학적 특수성」『미학』, 한국미학회, 82권 2호, 2016).

비엔날레가 본격적으로 증가한 것은 1990년 전후다. 이 시기는 물론 글로벌리즘이 경제 분야로 특화되어 신자유주의 시장, 자유무역, 다국적 기업경영 등으로 구체적 모양새를 갖춰가고, 이념적으로 수평적 세계관이나 다자적 소통 및 교류 같은 명분을 확보해나가던 때다. 여기서 보듯, 또 요컨대 바우만이 이미 분석한바, 그간 유동적 시장경제와 '카지노 문화'(조지 스타이너의 개념으로 바우만이 인용해 썼다)가 "적절히 조화를 이루며, 서로에 기반해서 성장하고 서로를 보강"(『쓰레기가 되는 삶들』)하면서 오늘의 '리퀴드모더니티' 현실을 만들어냈다. 시장이 상품과 노동을 즉석 일회용 또는 대체용으로 다루고 소비가 그에 맞춰 진행되는 과정에서, 문화와 예술 또한 도박장의 게임처럼 '오직 한 번'으로 이뤄지고 '단지 한 번'이면 족하다.

문화 예술은 이제 불완전함, 불확실성, 즉흥성, 임의성, 간편성을 적극화하는 장으로 바뀌었다. 상황이 이러한데, 바우만은 유동하는 현대 사회에 대한 비판적 논고라는 사회학적 과제를 문화예술과 융합해 숙고함으로써 이 시대의 미학을 특정했다. 요컨대 서구 문화예술의 유구한 역사에서 변하지 않고 각종 논쟁에도 불구하고 모두가 동의했던 아름다움에 대한 판단은 이제 맞지도 유효하지도 않다는 것이다. 과거에 '미 또는 아름다움'은 개인의 일시적 변덕을 초월하는 완벽함이자, 영구불변함으로 보편적 타당성을 확보하는 것이었다. 현재는 그와 반대로 유행의 현기증 나는 변화를 추종하고, 사적 취향에 편승하며, 잘 나가는 유효기간 동안 부상했다가 깔끔하게 소멸하는 것이 아름다운 것이다.

한편, 바우만 자신의 미학적 관점에서 유동하는 현대에 깊숙이 박혀 있고 이 시대의 속성을 가장 뚜렷이 재현한 미술가는 프랑스의 자크 빌르글레, 페루의 헤르만 브라운베가, 스페인의 마놀로 발데스다. 국제 미술계에서의 전문가적 평가 및 평판과는 상관없이 바우만이 주목한 관점의 특별한 의미에 귀 기울여보자. 그는 주저하지 않고 이렇게 썼다.

나는 이 세 명의 아티스트가 유동적인 현대를 대표한다고 생각한다. 즉 그들 자신이 유동적 현대의 일원이며 또한 유동적 현시대를 재현하는 미술을 한다는 뜻이다. 시간이 더 이상 행진하지 않고 흐르는 시대, 항구적 변화만 있고 종결 지점은 없는 시대 말이다.(지그문트 바우만, "Liquid Arts", ⟨Theory, Culture & Society⟩, The TCS Centre, Nottingham Trent University, 2007)

빌르글레의 작품은 온갖 포스터와 광고전단들이 다닥다닥 어지럽게 붙은 길거리 벽에서 떼어낸 종이들을 다시 찢고 붙여서 만든 '데콜라주decollage' 회화다. 브라운베가는 미술사의 명작들을 마치 퍼즐조각처럼 부분적으로 차용하고 자신의 모습 또는 현실의 장면들과 혼합시켜 한 장의 그림으로 완성한다. 발데스도 브라운베가와 비슷하게 명화의 이미지를 빌려와 재해석·재구성하는데 특이한 점은 그의 경우 조각 천들을 짜깁기하고 물감을 누덕지게 발라 고전 초상화를 의도적으로 불완전하게 재현한다는 사실이다.

그런데 잠깐, 우리는 바우만이 꼽은 이 세 명의 미술에서 그가 현대 사회의 속성으로 포착한 사회학적 내용을 읽어낼 수 있지 않은가. 일회적이고 일시적인 에피소드로 저며지고 다시 패치워크되는 역사적 현재 말이다. 유명한 이미지들의 임의적 선택과 무원칙한 집적으로 끝없이 유예되는 완성의 시간 말이다. 탈맥락적 선택과 경계 없는 인용이 어디까지든 허용될 것 같은 이완된 분위기, 그러나 돈의 논리가 언제든 모두를 쓰레기장으로 떨어뜨릴지 모른다는 공

포가 짙게 깔린 동시대 사회 성향 및 문화 경향을 말이다. 이 모두가
우리가 사는, 우리가 처한 것들이고 사실 우리 자신이 원인이어서
그 과실뿐만 아니라 부정적 결과까지 짊어져야 할 실제다.

바우만,
한국 사회를 말하다

바우만, 한국 사회를 말하다

⊙ 김민웅(경희대 미래문명원 교수)

2017년 한국 사회는 한 치 앞을 내다볼 수 없는, 그야말로 안갯속이다. 정치는 갈팡질팡하고 있으며, 경제는 가진 자들만의 손아귀에 놓여 있다. 정치와 경제만으로 한국 사회 전체를 규정할 수는 없지만, 좌표는 대략 통찰할 수 있다. 짙은 안개에 싸인 한국 사회를 새로운 시선으로 바라보기 위해 조금 특별한 대담을 마련했다. 2017년 1월 세상을 떠난 사회학자 지그문트 바우만의 사상과 철학을 오랫동안 공부해온 김민웅 경희대 미래문명원 교수가 '가상 대담'을 통해 그와 만난 것이다. 김민웅 교수는 지그문트 바우만의 사상과 철학을 일목요연하게 소개하며, 그것을 한국 사회의 다양한 문제와 접목하고 있다. 아울러 한국 사회가 헤쳐나아가야 할 길을 소개함으로써 지그문트 바우만의 사상과 철학을 '지금, 여기'에서 실천할 수 있는 방법도 제시한다. 다양한 사상과 통찰을 통해 세계 시민사회의 활로를 열어온 지그문트 바우만과 한국 사회의 지적 자장을 넓혀가는 김민웅 교수의 재기발랄한 대담을 만나보자. 〈편집자 주〉

유동하는 근대의 비밀

김민웅 지그문트 바우만 선생님, 반갑습니다. 먼저 이렇게 직접 대화를 나눌 수 있는 기회를 주셔서 감사합니다. 아무래도 선생님의 저작으로 우리 사회에 가장 잘 알려진 것은 '유동하는 근대', 또는 '액체근대'라는 개념으로 우리 삶의 본질을 파고 들어가는 논의였다고 생각합니다. 본론으로 바로 들어가도 될까요?

지그문트 바우만(이하 바우만으로 표기) 김민웅 교수님 반갑습니다. 만나자마자 역시 견고한 벽을 허무는 유동적 힘이 기습해 들어오는 것을 느낍니다. 좋습니다. 본론이란 무엇인가요?

김민웅 유동하는 근대, 그러니까 방금 말씀하셨던 것처럼 견고한 것들이 녹아 사라지는 과정은 새로운 질서 또는 고체와 같이 단단한 신체제가 자리 잡도록 하는 과정이기도 하지 않았습니까? 그러나 선생님의 논점은 그와는 다른 것이었습니다.

바우만 네, 맞습니다. 신분질서, 권위주의, 종교적 독선 등이 지배하고 있던 시대를 다른 시대로 교체하기 위해 먼저 이루어져야 할 것은 기존의 질서가 가지고 있는 견고성을 녹여 사라지게 하는 작업이지요. 유동적 근대의 시작은 그러했습니다. 그러나 오늘날 우리가 주목해야 하는 것은 그 유동적 힘의 주도권을 누가 가지고 있는가의 문제를 비롯해서 이제는 아예 그 유동적 힘 자체가 곧 우리 시대의 견고한 힘이 되고 있다는 점들입니다.

김민웅 얼핏 형용모순이라는 느낌도 듭니다. 유동성과 견고성의 결합이라….

바우만 다소 모순되고 난해한 표현이기는 합니다. 그러나 이 힘은 곳곳에서 자신이 스며드는 것을 가로막는 담장을 허물고 있습니다. 그리고 그 모습은 액체적 성격을 가지고 있지만, 그 위력은 견고하다는 의미입니다. 신자유주의는 그 대표적인 지구적 사건이라고 할 수 있습니다.

김민웅 제가 본론이라고 말씀드리려고 했던 것이 바로 그것이었습니다. 유동적 근대와 신자유주의의 관계에 대한 것 말이지요. 오늘날 한국 사회의 본질에 대한 해명은 이 문제로부터 시작되어야 한다고 봅니다.

바우만 왜 그런가요?

김민웅 거대한 자본이 사회를 기획하고 주도하는 가운데 사람들은 풍요를 기대했지만, 현실은 그 반대로 나타났습니다. 한때 한국 사회가 일상으로 경험한 인정人情이라든가, 이웃과 함께하는 삶은 사라졌고, 빈부 격차는 심화되었으며 인간다운 존재를 기르는 교육은 소수의 주장으로 전락했습니다. 정치는 대자본의 명령을 매우 잘 수행하고 있습니다. 민주주의는 자본의 위력 앞에서 퇴각당하고 있습니다. 때로 분출되는 분노와 저항이 있기는 하지만, 제도 정치로 들어가면 광장의 목소리는 들리지 않게 됩니다. 사람들은 이런 구조적 상황 속에서 무력감을 느끼고 있습니다.

허물어지고 있는 것들의 이름

바우만 아, 이제 어떤 질문을 하려는지 알겠습니다. 한국 시민들의 촛불혁명은 위대합니다. 그 힘은 신자유주의의 지배 체제를 점차 허물어갈 것입니다. 다만 먼저 이 신자유주의의 유동적 본질을 잘 이해할 필요가 있습니다.

김민웅 설레는 마음으로 선생님의 말씀을 듣고 싶어집니다. 신자유주의의 유동적 본질이라….

바우만 신자유주의의 가장 중요한 목표는 금융자본의 이동이 어떠한 경계선에도 가로막히지 않고 들락거릴 수 있도록 하는 것입니다. 금융자본의 행동방식에 대한 규제를 해체하고, 시장의 자유를 외치면서 정치와 교육 전반에 걸쳐 금융자본에 대한 지지와 정당성을 전적으로 부여하려는 움직임이 바로 그것입니다. 이 유동적 힘의 속도는 엄청나게 빠르고 그것이 확산되는 영역은 전 지구적입니다. 이른바 제4차 산업혁명이라는 것도 사실은 이 범주에 속해 있습니다.

김민웅 그건 또 무슨 말씀이신지요? 제4차 산업혁명이라는 화두는 우리 사회에서 미래 사회를 향한 핵심 담론으로 등장하고 있습니다.

바우만 이 논의는 한국뿐만이 아니라 전 세계적으로 미래학 담론을 주도하고 있습니다. 그러나 깊이 우려됩니다. 기술 변화의 속도로 미래의 유토피아를 선전하고 있지만, 본질로 들어가면 가령 다보스^{Davos}에 모이는 대기업 CEO들의 변형된 신자유주의 프로파간다 ^{propaganda}의 성격을 가지고 있습니다. 이들의 논의에는 인간의 문제가 배제되어 있고, 교육도 이러한 흐름에 빨려 들어가게 하고 있습니다. 거의 협박조이지요. 빠른 속도로 유동하는 근대의 물결에 합류하지 못하면 낙오하고 멸종하게 된다는 논리가 득세합니다. 그러면서 인간을 위해 정작 지켜야 할 견고한 건축물조차도 휩쓸어버리고 맙니다. 이게 가장 큰 문제입니다. 사회적 약자들을 위한 피난처 같은 정책과 사회적 관심은 인간 사회의 미래를 위해 계속 유지

되어야 하는데도 이에 대한 논의는 완전히 배제되어 있지요. 교육이 이렇게 전개되면, 헉슬리가 경고한 대로 『멋진 신세계』의 디스토피아가 도래하고 맙니다.

김민웅 이야기가 조금 어렵게 들리는데요.

바우만 아, 그런가요? 제가 다소 추상적으로 말했나 보군요.

김민웅 그런 것은 아닙니다. 다만 제4차 산업혁명 담론도 제대로 이해하지 못하고 있는 상황에서 유동하는 근대, 신자유주의, 교육 등이 다 얽혀서 쏟아져 나오니까 갈피를 잡기가 쉽지 않네요.

바우만 이렇게 말해보면 어떨까요? 신자유주의는 자본의 제한 없는 자유를 욕망합니다. 고체는 이미 일정한 형태를 유지해야 하니까 변형의 자유가 제한됩니다. 따라서 자본의 흐름을 가로막는 일체의 제동 장치를 허물어야 자유의 폭이 무한대로 넓어질 수 있습니다. 이른바 금융시장의 자유화는 이를 뜻하는 것이지요. 그러나 다른 한편으로는 사회적 약자를 지켜내는 보호 장치는 규제라는 이름으로 낙인찍혀 해체될 위기에 처합니다. 노동자들의 권리를 방어하는 사회 계약과 제도, 법은 신자유주의의 유동성에 위협이 되는 고체입니다. 유동성의 주도권을 자본이 쥐고 있기 때문이지요. 자본이 말하는 규제가 서민들의 보호 장치라는 점을 결코 잊어서는 안 됩니다. 한국 사회도 이에 대한 논쟁이 격심한 것으로 압니다. 자본이 어디든 흘러 들어갈 수 있는 자유를 신자유주의의 유동성으로 파악하면, 그 유동하는 자유만큼 사회적 약자들의 자유는 파괴됩니다. 이들의 자유를 방어하는 정치·경제적 건물이 붕괴될 정도로 그 사회는 열악해지는 겁니다.

김민웅 제4차 산업혁명과 관련해서도 말씀해주시면 좋겠습니다.

바우만 제4차 산업혁명이라는 말이 과연 정당한 것인지도 점검할 필요가 있습니다. 제3차 정보혁명의 연장인지 아니면 정말 새로운 혁명적 기술 진화가 이루어져 우리 사회 전반에 걸친 변화가 생겨나는 사안인지 말입니다. 그러나 일단 그러한 용법을 전제하더라도 이 흐름의 특징은 기존의 정보사회를 초연결망으로 엮어내는 것입니다. 그 어떤 것도 이 연결망의 흐름에서 벗어나지 않게 하려는 시도입니다. 그것은 매우 편리한 세상에 대한 기대를 품게 합니다. 하지만 정작 인간다운 관계망 형성에는 전혀 관심이 없습니다. 인공지능의 윤리, 지능이 아닌 지성의 문제가 제기되고 있는 까닭도 이런 이유에서입니다.

김민웅 스마트폰이 없으면 일상 자체가 돌아가지 않고 꼼짝 못 하는 상황이 바로 그것 아닙니까? 게다가 사물 인터넷이라는 현상까지 가세해서 우리 생활의 스마트화라는 쪽으로 이동하는 것을 이미 미래 사회 진입을 위한 필수적 절차로 여기고 있습니다.

바우만 일견 그런 견해가 타당해 보이기도 합니다. 그러나 우리의 삶이 쏟고 있는 시간을 보세요. 별반 필요도 없는 정보인데도 이에 굶주린 사람들처럼 초연결망에 매달리게 하고 있습니다. 새로운 검색 정보를 무수히 파악하지 않으면 불안해지는 거지요. 정작 자신을 위한 시간은 이 과정에서 소멸되고 있습니다. 그뿐만 아니라 이 초연결망의 흐름은 개인의 사적 비밀이 보장되지 않습니다. 모든 흐름을 꿰뚫고 보는 자들이 있습니다. 무시무시한 통제 체제입니다. 이러한 문제에 대한 비판 의식 없이 제4차 산업혁명 담론이 펼쳐지는 것은 가치와 철학의 무용성을 낳는 사회로 가는 길입니다. 제4차 산업혁명 담론에는 노동현장에 대한 고민을 일깨우는 논의가 전혀 없습니다. 제4차 산업혁명 담론에서 강조하는 교육의 창의성은 기술적 창의성이지 정치적, 사회적 창의성에 대한 논의는 빠져 있습니다. 그건 자본의 입장에서 위험하기 때문이지요.

김민웅 그렇다면 이러한 상황에서 인간은 어떤 운명에 처하게 되는 것일까요?

바우만 소비자의 역할로 제한됩니다. 정치적 주체로서의 인간은 관심사가 아닙니다. 불의에 저항하는 인간은 시대착오적이라고까지 인식하게 합니다. 소비자로 만족하면, 더는 불만이 없는 존재가 되는 것이지요. 그래서 정치가들의 관심은 어떻게 소비자의 풍요로운 삶을 만들어낼 것인가를 약속하는 쪽으로 몰리고 있습니다. 정의라든가, 불평등의 문제에 대한 근본적 사유와 혁명적 변화는 소비하는 인간 앞에서 무력해지고 맙니다. 특히 젊은 세대는 이러한 흐름에서 일종의 첨병 역할을 자기도 모르게 떠맡고 있습니다. 젊은 세대의 세련된 취향이라는 스타일의 미학에도 이러한 소비 이데올로기가 스며 있습니다. 소박하게 입고 간결하게 살면서 정신적으로 풍요한 삶에 대한 갈망이 사라지고 있는 것이지요.

김민웅 "유동하는 근대의 힘 앞에서는 오랜 세월 동안 만들어온 것들도 한순간에 무너지고 만다"라는 선생님의 말씀이 기억납니다. 그건 달리 말해서, 오랜 세월 동안 축적되어온 정신적 자산에 대한 무관심, 멸시로도 통하는 것이 아닐까요, 방금 말씀하신 것에 비추어보자면?

교육의 위기

바우만 네, 그렇지요. 물론 제가 전통주의자는 아닙니다. 그렇지만 인류가 고난과 역경을 거치면서 이루어온 정신적 각성과 지혜가 있습니다. 이러한 것들을 이해하고 섭취하는 과정은 인스턴트 식품을 먹는 과정과는 분명 다릅니다. 이것은 어쩌면 액체가 아니고 고체의 성격이 강합니다. 씹고 삭히고 녹이고 몸과 마음에 흡수되는 경로가 있습니다. 그런데 이러한 과정이 버거운 것이지요. 책의 두께가 조금만 두꺼워도 읽기를 포기해버리는 젊은 세대가 늘어나는 것도 이러한 흐름의 결과입니다. 쉽게 액체를 흡입하는 것에 길든 세대가 미래를 주도하게 된다면, 인간의 정신사는 암담해질 수 있습니다. 어떤 시인이 한국에 오니 사색은 없고, 검색만 있는 시대라는 화두를 던졌다는 이야기를 들었습니다. 정확한 분석입니다. 이미 독해력 저하 현상은 전 지구적으로 벌어지고 있습니다. 다 아는 이야기지만, 대학에서 인문학의 인기가 떨어진 것은 오래되었고, 당장에 써먹을 수 있는 실용성 위주의 교육이 선두에 있는 것도 인간이 일회용으로 전락하는 과정입니다.

김민웅 소비자이면서도 일회용이라?

바우만 우선 유동하는 힘을 주도하는 쪽에서는 소비에만 관심을 가지는 인간이 가장 좋습니다. 광고에 민감하게 반응하고, 유행 정보에 촉각을 세우고 드라마에 빠지는 인간 말입니다. 교육도 이런 쪽으로 이바지합니다. 장기적 관점으로 미래를 상상하는 능력이 제거되는 교육은 목표가 뚜렷하지요. 자본의 지배에 순종하는 인간으로 만들고, 조금 더 나은 소비에 만족하고 더는 불만이 없는 사람이 많아지도록 하는 겁니다. 게다가 이들의 능력을 필요할 때마다 일회용으로 쓰고 버리는 것입니다. 변화의 속도가 빠른 판국에 이들에게

장기적으로 안정된 자리를 약속할 이유가 없고, 도태되는 이유는 이들의 역량이 기술 진화를 따라가지 못한 것으로 정리하면 되니까요.

김민웅 무섭다는 생각이 듭니다.

바우만 그렇지요. 그래서 모두가 사실은 불안하고 초조합니다. 인문학적 사유와 발상은 이런 현실에서 한가한 소리가 되고 사치한 정신적 게임에 불과하다는 생각이 만연해집니다. 부당한 일에도 반발하지 않는 이른바 "착한 양"들을 만들어내고, 이들이 도처에서 일회용으로 도살되어도 그 책임은 자신들에게 있다는 식으로 생각하게 하는 겁니다. 대학은 시장에 사로잡혀 그 도구가 된 지 오래인데, 이걸 깨나갈 철학과 의지는 철저하게 적출당하고 있는 것입니다.

김민웅 도리어 그 적출을 반기고 있는 게 현실 아닌가요?

바우만 네, 특히 학부모들이 반깁니다. 젊은이들이 앞으로 살아갈 사회에 필요한 능력을 훈련시키는 것이 교육의 일차적 목표라는 점에서 학부모 세대는 실용주의, 기술주의적 가치관을 가집니다. 비난할 생각은 없습니다. 현실은 그만큼 힘겹고 엄청난 돈을 들여 교육시키는 이유도 이런 사회에서 도태되지 않게 하려는 의지 때문이니까요. 그러나 학부모 세대가 알아야 할 바가 하나 있습니다. 이런 식의 교육이 자녀들에게 긴 미래를 보장해주지 못한다는 점입니다. 이는 단지 기술 진화의 속도가 정신없이 빠르기 때문은 아닙니다. 결국 운명과 미래를 설계하고 자신에게 잘 맞는 인생을 만들어갈 책임은 자기 자신에게 있는 것입니다. 그런데 지금의 교육은 그러한 준비와 훈련을 전혀 하고 있지 않습니다. 기업에 소비되는 인간으로 기르고 있을 뿐입니다. 자신에 대한 성찰, 인생에 대한 사유, 사회에 대한 의식의 씨앗은 뿌려지고 있지 않습니다. 어떻습니까? 이게 과연 불필요한 능력일까요?

김민웅 가장 필요한 능력 아닙니까?

바우만 그렇지만, 대다수는 그리 생각하지 않지요. 먹고살기 바쁜데 무슨 소리냐는 겁니다. 인간으로서 배워나가야 할 바는 교육 목록에서 빠집니다. 이러다 보니, 젊은 세대가 인간에 대한 존중감, 배려, 윤리적 자세가 부족하다고 기성 세대는 불만을 토합니다. 당연한 결과입니다. 부모는 끊임없이 자식들에게 배신감을 느끼게 되는 세상으로 가는 거지요. 이들 세대는 늙고 병든 부모를 버리는 것이 별로 어렵지 않습니다. 노년 세대에 대한 책임은 사회에 있다고 여기고 있으니까요. 타자에게 떠넘기는 겁니다. 인간에 대해 깊게 생각해보고 살아오지 않았는데, 이들에게 무엇을 기대할 수 있겠습니까?

김민웅 말씀을 듣다 보니 무서운 것도 무서운 것이지만 자꾸 암담해집니다. 좀 희망적인 이야기는 없을까요?

바우만 그것부터 말하면 참 좋겠지만, 우리의 우울한 현실에 대해 정확히 알아야 희망의 근거가 발견될 겁니다.

떠다니는 존재들

김민웅 죄송하지만 고문을 받는 느낌입니다.

바우만 제가 고문하고 있는 것은 아닙니다. 이미 이 사회가 고문 기구입니다. 그걸 느끼지 못하게 하는 것일 뿐입니다. 한국 사회를 조금만 들여다보면 모두가 절규하고 있는 상태라는 것을 알 수 있습니다. 청년 실업, 사회적 양극화, 빈곤, 비정규직 문제, 노인 세대의 빈곤화 등은 모두 이 고문 기구가 만들어내고 있습니다. 쥐어짜고, 압박하고 쉼이 없는 사회로 몰아가고 있습니다. 인생은 시들어가고 건강도 갉아 먹히고 있습니다. 천천히 죽이고 있는 겁니다. 계급적 기반이 약한 사람들은 빨리 죽임을 당합니다. 구의역 사고에서 희생된 청년도 이에 속하고, 한국 사회를 놀라게 했던 세 모녀 자살 사건도 그런 경우입니다. 생명의 가치와 존엄성이 지켜지는 사회와 결별하고 있다는 걸 한국인들도 절실하게 깨우쳤으면 합니다.

김민웅 어떤 시작이 필요할까요? 의식의 문제도 문제지만, 생활의 근거지가 불안하지 않도록 해야 그다음 이야기가 이어지는 것 아니겠습니까?

바우만 기본 소득으로 인간의 존엄한 생활 기초를 만드는 일은 그래서 시급합니다. 그러나 거대한 자본과 권력은 여러 가지 이유를 내세워 이를 거부하고 있습니다. 자본주의는 이들을 방어하고 지켜내는 일을 최우선 순위로 놓는 사회 체제입니다. 자본주의라는 말 자체가 이미 자본의 숭배를 그 중심에 놓겠다는 의지가 관철된 용어입니다. 자본의 숭배에 기여하는 사제들은 모두 자본주의 성채의 권력자들입니다. 이들의 저항을 무너뜨리고 기본소득을 실현하는 것은 민주주의의 절실한 목표가 되고 있습니다. 공적 자금의 배분에서 기본 소득 체제만큼 절실한 것은 없습니다. 자본가들은 이들이 게으르다고 공격합니다. 왜 국민의 세금으로 놀고먹는 자들을 만들어내느냐고 힐난합니다. 삶의 벼랑에 절박하게 서 있는 사람들에 대한 이해가 완전히 부재한 자들의 얼토당토않은 규탄입니다. 낮은 비용으로 노동을 착취하려는 자들의 정치학이지요. 기본 소득이라는 비빌 언덕이 있으면 노동하는 이들을 복종시키기 어렵기 때문입니다.

김민웅 비정규직의 증대도 이러한 흐름에 속한 것 아닙니까?

바우만 맞습니다. 신자유주의의 유동하는 힘은 비정규직의 기본 생활을 계속 위협하고 있습니다. 이들에게 필요한 고체에 해당하는 안전망을 허용하지 않습니다. 비정규직들을 이 유동하는 힘의 액체 위에 떠다니게 하고 있습니다. 부유하는 존재로 만드는 것이지요. 그래서 누군가는 물속에 빠지게 하고 누군가는 간신히 숨만 쉬면서 몸부림치게 합니다. 그와 동시에 제4차 산업혁명의 도래라는 협박으로 도태될 위기를 강조하고 있습니다. 생각해봅시다. 기계의 등장은 노동의 부담을 줄어들게 하는 사건이었습니다. 하지만 이 기계가 자본주의 임금체계 안에 들어가면, 노동자는 기계의 부속품이 되고 노동의 강도와 속도는 더 강하고 빨라집니다. 이런 문제에 대한 인식이 바탕에 깔려 있지 않으면, 제4차 산업혁명 담론도 종국에는 노동 착취적인 구조를 만드는 것에 이바지하게 됩니다. 교육은 더 끔찍해질 것이고요.

김민웅 어떻게 끔찍해진다는 것이지요?

바우만 교육의 주체와 목표는 언제나 인간 자신입니다. 그러나 인간을 기능적 존재로만 접근하는 교육은 인간을 말살하게 되어 있습니다. 제4차 산업혁명 담론은 산업혁명의 단계에 따른 기술적 진화만을 강조할 뿐 1차에서 3차까지 이어지는 과정에서 어떤 인간의 희생과 착취, 그리고 사회적 모순이 확장되어 왔는지 전혀 거론하지 않습니다. 환경 문제는 더더욱 관심 밖입니다. 삶의 생태계에 대한 의도적 무시입니다. 인공지능 이야기만으로 모든 주체를 압축하고, 이것과 기존의 정보혁명, 기술혁명의 연관관계에만 주목합니다. 사라지는 직종 문제를 거론하면서 미래형 직종을 위한 교육을 내세웁니다. 인간에 대한 깊은 이해는 이런 교육의 틀 안에서 설 자리가 없습니다. 심지어 어떤 논자들은 번역기의 발달을 내세워 외국어 교육의 무용론까지 말합니다. 외국어 학습 과정에서 인간의 문명 의식이 바뀌고 사유의 폭이 넓어지며 사상의 번역이 가져오는 의미는 사소한 것으로 취급됩니다.

김민웅 왜 그렇게 되는 건가요?

바우만 모두 기능 위주의 교육관에서 비롯되는 것입니다. 실용적 가치만이 유일한 기준입니다. 교육에서 남는 과제는 미래의 물결 앞에서 도태냐, 생존이냐 뿐입니다. 윤리적 고뇌, 미학적 상상력, 급진적 정치 비전, 협력하는 인간관계는 별로 중요하지 않게 되는 것이지요. 더욱 이기적이고 경쟁적인 인간들이 양산되고, 이들이 탁월한 인재로 꼽힙니다. 이러한 인간 유형은 인간의 희생에 민감하지 않게 되며 교환 가치와 기능 수준만이 모든 평가의 척도가 되는 존재가 됩니다. 이런 교육의 정점에는 수많은 이들이 박탈과 배제, 분노와 좌절의 감옥에 갇히는 현실이 있습니다. 미국에서 트럼프의 집권이나 유럽판 트럼피즘Trumpism의 출현은 모두 이런 현실의 반영입니다. 기이하게도 이들은 정작 자신의 계급적 이해에 대해 무지하고, 자신들의 기회를 박탈하고 배제하는 자와 세력을 지지하는 의식 분열 현상을 보입니다. 한국의 촛불 혁명과 대립점에 서 있는 '어버이연합'도 이런 종류의 의식 분열과 자기모순의 결정체로 보입니다.

김민웅 어버이 연합까지 아시는군요.

바우만 하하, 저도 어버이 연합 세대입니다.

김민웅 아무튼 신자유주의 이후 유동성을 가진 힘이 주도하는 사회에서 벌어지는 일들은 어디나 비슷하다는 생각이 듭니다. 이 힘이 만들어내는 박탈과 배제의 한편에는 또 다른 계급의 팽창이 있지 않습니까?

계급의 부활

바우만 네, 바로 그 점이 중요합니다. 이들은 잘 보이지 않지만 거대한 지배 계급으로 존재합니다. 이들의 네트워크는 그야말로 전 지구적입니다. 다보스 회의를 이끄는 이들이 제4차 산업혁명 담론의 주도자들이라는 것을 유의할 필요가 있습니다. 언론은 이들의 움직임이 현실의 대세라는 것을 끊임없이 강조합니다. 이들에 대한 계급적 이해를 피하면서, 마치 이들이야말로 혁신 세력인 것처럼 선전하고 있는 것이지요. 하지만 이들은 엄연한 지배계급으로 자신의 위상을 만들어가고 있습니다. 미래담론의 주역으로 행세하는 것입니다. 한국의 자칭 세계적 미래학자라는 사람이 쓴 책의 부제가 "부의 기회를 잡아라"더군요. 이런 수준입니다. 문명사적 고뇌란 전혀 없고, 계급의 사다리를 올라가는 방책에 대한 처세술과 자기계발서의 관점이 전면에 나서고 있습니다. 좀 과하게 말하자면 사기이고, 인간의 운명에 대해 진지하게 성찰할 능력이 없는 이들의 계급적 슬로건에 불과합니다.

김민웅 계급의 사다리라고 하시니까, 우리 교육이 기회의 사다리에 올라가는 일에 기여해야 한다는 논의도 있습니다. 어떻게 생각하시나요?

바우만 '기회의 사다리'라는 용어 자체가 매우 신자유주의적 발상의 산물로 보입니다. '올라가라, 올라가라' 하는 거지요. 경쟁을 부추기고 남보다 빨리 더 높은 사다리에 오르면 기회는 너의 것이라는 주장을 퍼뜨리는 것입니다. 기회는 누구에게나 공정하게 주어져야지 사다리꼴이 되어서는 안 됩니다. 민주주의 사회의 계약 원리에 따라 그냥 주어지는 권리입니다. 기회의 사다리라는 말은 계급 구조에 정당성을 부여하려는 방식일 뿐입니다. 교육은 기회의 사다리를 부숴야 제대로 된 교육입니다.

가치의 사다리라는 말은 옳습니다. 최선의 가치를 탐색하고 질문의 사다리를 오르는 일은 그 자체로 인간 기르기입니다. 그리고 이 가치의 사다리는 올라가는 일 이전에 그 사다리를 어디에 걸쳐놓아야 하는지를 묻습니다. 그게 교육입니다. 기회의 사다리 이데올로기는 아이들이 그 사다리를 타고 열심히 경쟁적으로 올라가게 합니다.

막상 올라가보니 자신의 인생과는 하등 의미 있는 관계를 맺을 수 없는 벽에 사다리를 걸쳐놓은 셈이 되는 경우가 적지 않습니다.

김민웅 음, '기회의 사다리'라는 말을 그냥 흘려들을 일이 아니군요.

바우만 그래서 사람들은 불평등에 대해 분노하지 못하게 됩니다. 기회의 사다리를 오르면 불평등 문제를 극복할 수 있다는 환상을 갖기 때문입니다. 새로운 계급이 되는 길이 열려 있다는 식의 논리가 이런 교육관에서 제공됩니다. 한국 사회에서 실험되고 있는 '혁신교육'은 그런 점에서 매우 중요한 의의가 있습니다. 안타까운 것은 초등학교의 혁신교육은 나름 전개되고 있는데 고등학교에서는 거부되고 있다는 사실입니다. 대학 입시라는 문턱 앞에서 새로운 교육 패러다임은 무력해지고 있는 것이지요. 교육의 미래는 어떤 의지와 자신감을 가지고 해나가는가에 달렸습니다. 가치에 대한 질문이 존중되는 교육으로 패러다임을 바꾸어나가는 노력을 기울일 때, 변화는 이루어질 수 있습니다.

김민웅 한국 교육의 문제도 잘 알고 계시네요. 그렇지 않아도 미래 교육에 대한 담론이 쏟아지고 있는 때입니다. 선생님의 말씀이 크게 격려가 됩니다. 자, 이제 아쉽지만 말씀을 마무리해주셔야 할 것 같습니다.

균열을 일으키는 씨앗들

바우만 거대한 떡갈나무도 작은 도토리에서 시작됩니다. 예수가 하나님 나라를 밭에 뿌려진 씨앗으로 비유한 것도 다르지 않습니다. 그 씨앗은 땅에 떨어져야 사건이 됩니다. 씨앗은 흙에 균열을 냅니다. 그리고 아주 미세한 움직임으로 그 견고하게 보였던 땅 속에 파고 들어갑니다. 자기만의 세계를 구축해나가는 것이지요. 밖에서는 잘 눈에 띄지 않습니다. 그래서 어떤 일이 일어나는 것처럼 여겨지지 않습니다. 하지만 누구도 감당할 수 없는 일들이 일어나는 출발점입니다.

우리의 의식, 가치, 그리고 자세는 견고한 힘을 발휘하는 곳에 균열을 내는 씨앗 같은 에너지입니다. 액체처럼 유동하면서 세계를 뒤덮고 있는 힘 안에서도 균열을 내는 겁니다. 아주 작은 자기만의 공간이 그렇게 형성되면, 시작할 수 있습니다. 일종의 무한 혁명입니다. 세상에 애초부터 정해진 것은 없습니다. 그렇게 믿게 하는 세력의 선전만이 존재합니다. 이제는 우리가 그 유동하는 위력을 도처에서 발휘해야 합니다. 초연결망의 세계를 거꾸로 이용하는 겁니다. 거대한 성채가 중세 교회의 특권을 방어하는 것이었다면, 『노트르담의 꼽추』 콰지모도는 자신이 사랑하는 에스메랄다를 지키는 방어벽으로 그 기능과 임무를 뒤바꿔버립니다.

김민웅 아, 그렇군요. 역전이네요.

바우만 한국의 촛불 혁명은 새로운 유동하는 힘이며, 역사의 새로운 씨앗입니다. 변화는 지역적이지만 그 의미는 세계적입니다. 이른바 글로벌과 로컬이 결합된 '글로컬glocal'한 사건입니다. 한국의 국민들이 자신의 혁명과 가치에 자신감을 갖기를 바랍니다. 신자유주의는 한계에 직면해 다른 이름으로 자신을 포장하려 들고 있습니다. 정체가 드러났기 때문입니다. 속지 않으면 됩니다. 거기서 우리의 위력에 확신을 가질 수 있습니다. 한국은 그런 차원에서 늙은 유럽과 오만하나 다소 자신감을 잃은 미국보다 더 위대한 가능성을 가진 나라입니다. 부디 새로운 사회 계약을 창출하는 일에 성공하기를 바랍니다. 새로운 정부가 들어서면, 21세기를 달리 만들어가는 미래 비전 시민위원회 같은 기구가 만들어져 미래에 대한 가치 논쟁, 철학적 격투, 미학적 상상력이 뜨겁게 발휘되기를 기대합니다.

김민웅 바우만 선생님의 귀중한 말씀, 깊이 새겨듣겠습니다. 미래의 역사를 다르게 쓸 수 있겠다는 자신감이 생겨납니다. 이제 바우만 별로 돌아가셔야 할 시간이네요. 한국의 독자들을 대신해서 존경과 감사의 인사를 드립니다.

바우만 여러분 진심으로 감사드립니다. 언젠가 갤럭시 콘퍼런스에서 모두 만날 날이 있을 겁니다. 별이 빛나는 밤이면, 제 별도 한번 찾아보시기 바랍니다. 모두 건강하시고요, 저도 좋은 시간을 보내서 즐거웠습니다.

용어 찾아보기

지그문트 바우만을 읽는 시간

2017년 6월 5일 1판 1쇄 인쇄
2017년 6월 15일 1판 1쇄 발행

지은이 임지현, 정수복, 정일준, 심보선, 강성현, 김현미, 홍순철, 김기현, 강양구, 안광복,
천주희, 오찬호, 김민섭, 정여울, 장동석, 정철운, 김찬호, 김웅교, 김경, 김종일,
장석주, 강수미, 김민웅
기 획 〈기획회의〉 편집위원회
펴낸이 한기호
펴낸곳 북바이북
　　　　출판등록 2009년 5월 12일 제313-2009-100호
　　　　121-839 서울시 마포구 동교로 12안길 14(서교동) 삼성빌딩 A동 2층
　　　　전화 02-336-5675　팩스 02-337-5347
　　　　이메일 kpm@kpm21.co.kr
　　　　홈페이지 www.kpm21.co.kr

ISBN　979-11-85400-62-4　03300

이 도서의 국립중앙도서관 출판예정도서목록(CIP)은 서지정보유통지원시스템 홈페이지
(http://seoji.nl.go.kr)와 국가자료공동목록시스템(http://www.nl.go.kr/kolisnet)에서
이용하실 수 있습니다.(CIP제어번호: CIP2017012779)